생각을 주물러야 논술을 정복한다

박인기 지음

교학사

생각을 주물러야 논술을 정복한다

contents

✚ 생각의 샘, 생각의 날개 … 5

머리쓰기 훈련

1. 아부와 욕심에 눈이 멀면 … 6
2. 우리가 싸우면 누구만 좋으라고 … 9
3. 진짜 장사꾼 … 12
4. 내 몫을 남이 다 해 줬으니 … 15
5. 더 잃을 것이 없다 … 17
6. 여우의 한탄 … 19
7. 치료는 의사에게 … 22
8. 잘한 일은 잘한 일 … 25
9. 곰돌이의 신발 … 28
10. 모르면서 아는 척 … 30
11. 부드러움의 강함 … 33
12. 교묘한 속임수의 말 … 35
13. 죽음으로 전한 교훈 … 38
14. 쓸데없는 걱정 … 41
15. 필요할 때 함께 하는 친구 … 43
16. 필요할 때만 우리 … 45
17. 제 꾀에 제가 빠지는 꼴 … 48
18. 이기심 때문에 … 50
19. 방향이 문제이다 … 52
20. 그럴듯한 변명 … 55
21. 사과 나누기 … 57
22. 하나님의 오백 원, 꼬마의 오백 원 … 59
23. 모자를 쓰는 까닭 … 61
24. 끓는 물거품 속에는 무엇이 있을까? … 63
25. 시베리아 호랑이, 멸종 위기에 이르다 … 66
26. 딱정벌레는 동물 중의 천하장사 … 69
27. 원자력 발전소의 사고, 얼마나 무서운가 … 72
28. 우주 생활 오래 하면 인간의 몸은 어떻게 되나? … 75
29. 개는 자기의 텃세 구역을 어떻게 정하나? … 78

✚ 생각의 기술을 익히고 가는 정거장 … 83

사실의 세계 … 84
느낌의 세계 … 106
분류의 세계 … 128
비교의 세계 … 150
분석의 세계 … 172
추리의 세계 … 194

✚ 논술의 바다에 뛰어들어라 … 215

논술 연습

1. 이유를 찾아 쓰면 논리가 살아난다 … 216
2. 겪은 일을 반성적으로 정리하면 글쓰기와 친해진다 … 220
3. 눈치 보지 말고 자기 맘대로 감상해 보라.
   생각이 풍부해진다 … 225
4. 모든 관찰은 기록해 두자.
   원인과 결과를 이해하는 산 경험이 된다 … 229
5. 개요짜기는 글쓰기의 설계도이다 … 234
6. 이야기 속의 인물을 잘 분석하라.
   이해력과 표현력을 동시에 높일 수 있다 … 239
7. 재미있는 일화 속에 교훈이 있다.
   내 힘으로 교훈을 발견해 내기까지 꾸준히 생각해 보자 … 243
8. 자기가 익혀 알고 있는 기술을 남에게 알려 주는 글을 써 보면
   글쓰기가 쉽게 느껴진다 … 247
9. 좋은 논술은 글을 읽는 사람으로 하여금 나의 주장에 설득될 수
   있도록 하는 것이다. 자신감 있게 주장해 보자 … 251

✚ 어떤 마음으로 논술에 다가갈까? … 256

✚ 생각하는 힘을 기르는 열두 가지 습관 … 260

어린이 여러분, 이제 이 책의 첫 장을 열면서 여러분은 논술 글쓰기를 잘 하고 싶은 생각으로 가득 차 있겠지요? 그런데 너무 성급하게 서두르지 마세요. 모든 일에는 순서와 기초가 있는 법이니까요.

생각의 샘, 생각의 날개

우선 나의 머리가 녹슬어 있지 않은지 점검해 보세요. 논술을 잘 하려면 생각을 풍성하게 하는 힘, 생각을 조리 있게 하는 힘이 먼저 갖추어져 있어야 합니다. 그런데 이런 능력이란 아무에게나 있지는 않습니다.

늘 왕성하게 생각하는 사람, 당연한 사실에도 의심을 품고 항상 새롭게 생각해 보는 사람에게만 있는 것입니다.

'생각하는 머리'가 되도록 우리의 마음과 습관을 갈고 닦아야 할 것입니다. 그래서 여러분 머리 속에 생각의 샘을 솟게 하고, 생각의 날개를 달아 주는 훈련을 먼저 하려고 합니다.

자! 많이 읽고, 깊이 생각해 보기를 향해서 출발!!!

머리쓰기 훈련 1

야부와 욕심에 눈이 멀면……

부잣집 부엌에서 훔쳐 낸 고기 조각을 주둥이에 물고 까마귀가 나무에 앉았습니다. 이를 본 여우는 까마귀의 고기를 가로채고 싶은 욕심이 났습니다. 그래서 꾀를 냈습니다.

여우는 까마귀가 앉아 있는 나무 밑에 가서 말했습니다.

"까마귀님은 이 세상의 새들 가운데서 가장 아름다우시며 가장 큰 새이십니다."

까마귀는 별 대꾸를 하지 않았지만 기분이 좋았습니다.

여우는 계속해서 말했습니다.

"까마귀님이야말로 응당 새 중의 왕이 되어야

합니다. 아마도 고운 목소리만 있다면 틀림없이 왕이 되고도 남을 것입니다."

이 말을 들은 까마귀는 자기에게 고운 목소리가 있다는 것을 증명하고 싶었습니다. 까마귀는 입을 벌리고 힘껏 소리를 내어 까악까악 했습니다. 그 사이에 그만 입에 물었던 고기를 떨어뜨렸습니다. 여우는 얼른 달려가 고기를 챙기고는 이렇게 말하는 것이었습니다.

"그 좋은 자격에다가 머리마저 좋았다면 이상적인 왕이 될 수 있었을 텐데."

 **누구를 중심으로 이 이야기를 읽을 것인가?**

• 까마귀 편이 되어서 이 이야기를 읽으면 어떤 생각이 듭니까?
⋯▶ 억울하고 분하다는 생각이 들 수 있습니다. 그 밖에는?

• 여우의 편이 되어서 이 이야기를 읽으면 어떤 생각이 듭니까?
⋯▶ 꾀 많고 재치 있다는 생각이 들 수 있습니다. 그 밖에는?

• 누구의 편도 아닌 제삼자의 시각으로 이 이야기를 읽으면 어떤 생각이 듭니까?
⋯▶ _____
_____

등장 인물 칭찬하고 비판하기

• 까마귀에게는 칭찬을 해 줄 점이 별로 없는 것처럼 보입니다. 그러나 아무리 못난 것이라도 잘 들여다보면 한 가지 좋은 점은 있답니다. 한번 찾아보세요.
⋯▶ 자신이 무능하다고 비판하지 아니하고 스스로 능력이 있다고 생각하는 점 (여기까지 생각할 수 있는 학생이라면 참 대단합니다). 그 밖에는?

• 여우는 매우 꾀가 많은 것으로 나타나 있군요. 그런데 바로 그 점이 여우의 단점도 되지 않을까요? 여우를 비판해 봅시다.
⋯▶ _____
_____

우리가 싸우면 누구만 좋으라고……

아주 무덥고 갈증나게 하는 여름날이었습니다. 밀림 속 조그만 샘터에 사자와 멧돼지가 물을 마시러 왔습니다. 너무 갈증이 심한 나머지 그들은 누가 먼저 마실 것인가로 싸우기 시작하였습니다.

아주 사소한 이유로 시작된 싸움은 두 동물의 자존심이 걸린 탓인지 매우 격렬하고 험악하게 전개되어 나갔습니다. 그야말로 죽어라 하고 격투를 하게 되었지요. 사자는 멧돼지에 받혀서 가슴에 큰 타박상을 입었고, 멧돼지는 사자의 발톱에 그 잘생긴 콧잔등이 할퀴어졌습니다.

싸우다가 너무 지친 이들은 숨을 돌리려고 잠시 쉬기로 했습니다. 그런데 쉬는 동안 그들은 주위를 둘러보고는 깜짝 놀랐습니다. 누가 됐든 죽는 쪽을 먹어치우려고 독수리들이 기다리고 있는 것을 보았던 것입니다. 이 광경을 보고 그들은 싸움을 그쳤습니다. 둘 다 똑같이 이렇게 생각했던 것입니다.

'죽어서 독수리 밥이 되느니 살아서 서로 친구 되는 것이 백 번 낫다.'

 **실제로 있는 일과 실제로는 없는 일**

• 이 이야기는 우화입니다. 우화는 동물 세계의 일을 마치 사람 세계의 일인양 빗대어서 꾸며내는 이야기지요. 그러니까 실제로 일어나는 일이라고는 할 수 없습니다.

이 이야기에 나오는 사건 중 실제로 일어날 수 있는 일(○표)과 실제로 일어날 수 없는 일(×표)을 가려 봅시다.

→ 1. 사자와 멧돼지가 물을 서로 마시려다 싸운다. (×)
    2. 사자와 멧돼지는 자존심이 매우 강한 동물이다. (×)
    3. 사자나 멧돼지는 싸우다가 너무 지치면 잠시 쉰다. ( )
    4. 야생의 독수리들은 죽은 짐승들을 먹어치운다. ( )

 **우화 속의 사건, 숨은 의미는?**

• 이런 우화는 동물들의 이야기이지만, 우리에게 교훈을 주려고 동물의 말이나 행동 속에 어떤 의미를 숨겨 둡니다.

이 이야기에 나오는 사자, 멧돼지, 독수리 들의 말과 행동에는 사람들이 느끼고 깨달아야 할 어떤 중요한 가르침이 숨어 있다는 것이지요. 그걸 한번 지적해 봅시다.

→ 1. 누가 먼저 물을 마실 것인가로 사자와 호랑이가 격렬하게 싸운다. … 눈앞의 사소한 이익 때문에 그보다 더 중요한 것을 잃어버릴지도 모르고 싸움을 하는 어리석은 사람들.
    2. 누가 됐든 죽는 쪽을 먹어치우려고 독수리들이 기다리고 있다. … 양편이 싸우다 망하면 그 양편을 모두 차지하려는, 그런 나쁜 사람들도 있다.

진짜 장사꾼

　어느 마을에 조그마한 상점을 경영하고 있는 사람이 있었습니다. 그런데 그만 과로로 쓰러지고 말았습니다.
　가족들은 근심에 휩싸였습니다. 그러나 어떻게 손을 쓸 도리가 없어 그저 죽기만을 기다리는 딱한 처지에 놓이고 말았습니다.
　아버지는 눈을 감은 채 숨을 헐떡이고 있고, 가족들은 모두 머리맡에 모여 앉아 아버지의 얼굴만 들여다보고 있었습니다.

"네 어머니는 어디 있느냐?"
"여보, 나 여기 있어요. 제발 빨리 일어나셔요."
아버지는 쓴웃음을 지으며 다시 눈을 감고 말했습니다.
"아들아, 넌 어디 있니?"
아들은 두 눈에 눈물을 펑펑 쏟으며 대답했습니다.
"아버지, 저도 여기 있습니다."
"딸은 어디 있지?"
"저 여기 있어요, 아버지."
그러자 지금까지 다 죽어가던 아버지가 갑자기 큰 소리로 꾸짖는 것이었습니다.
"너희들이 다 여기에 와 있으면 가게는 누가 본단 말이냐?"

 **이 아버지를 옹호하기**

• 여러분이 이런 아버지를 모시고 있다면 어떤 기분이 들겠습니까? 아주 웃기는 양반이라고요? 정말 그럴까요?

　이 아버지는 개성이 강하고, 살아가는 철학이 뚜렷하신 분인 것 같지 않아요?

　만약 여러분이 이 아버지를 옹호한다면 그 이유를 세 가지만 생각해 보기로 합시다.

⋯▶ 1. 매우 부지런하고 열심히 일한다.
　　 2. _____
　　 3. _____

 **이 아버지를 비판하기**

• 사람의 행동은 보기에 따라서 좋은 점과 나쁜 점을 동시에 가진다고 합니다. 생각의 샘이 깊은 사람은 그 좋은 점과 나쁜 점을 모두 볼 수 있는 사람입니다.

　이 아버지란 인물도 좋은 점과 나쁜 점을 같이 가지고 있습니다. 자기 직업에 너무너무 충실하고 부지런한 점이 장점이라는 것을 앞에서 생각해 보았지요? 이번에는 이 아버지의 결점을 찾아서 비판해 보기로 합시다.

⋯▶ 1. 자기의 건강 관리에 너무 무관심하다.
　　 2. 인정이 없는 편이며 따뜻한 마음이 모자란다.
　　 3. _____

내 몫을 남이 다 해 줬으니……

전쟁이 일어났습니다. 많은 청년들이 군인이 되어서 싸움터로 나갔습니다. 이제 막 중요한 전투를 앞두고 장교 한 사람이 사병들에게 명령을 내리고 있었습니다.

"적군의 수는 우리와 똑같다. 여러분, 우리 중대의 군사 한 사람이 적군 하나씩을 반드시 죽인다는 각오로 싸우면 우리는 승리할 수 있다. 알겠는가?"

그 때, 한 키 작은 땅딸이 병사가 가슴을 펴 보이며 씩씩하게 말했습니다.

"장교님, 저는 두 사람을 책임지고 맡겠습니다."

그러자 옆에서 그 말을 듣고 있던, 키 큰 장다리 병사가 그 말을 받아 장교에게 말했습니다.

"장교님, 그럼 저는 집으로 돌아가게 해 주십시오."

 **우리에게 생각할 거리를 주는 인물은 누구입니까?**

• 아주 짤막하면서도 우습고, 그런가 하면 생각할 거리도 많이 제공해 주는 그런 이야기입니다. 이 이야기에는 장교, 땅딸이 병사, 그리고 장다리 병사가 등장합니다.

　이 이야기에서 우리로 하여금 무언가 생각해 볼 만한 문제 거리를 던져 주는 인물은 누구라고 해야 하겠습니까?

…▶ 1. 땅딸이 병사라고 생각하는가요? 그 이유를 말해 보세요.
　　 2. 장다리 병사라고 생각하는가요? 그 이유를 말해 보세요.
　　 3. 누구라고 생각하니까 생각할 내용이 더 풍부해집니까?

 **내 주변에 있는 장다리 병사 찾기**

• 장다리 병사는 참으로 얌체입니다. 장다리 병사 같은 이만 있다면 이 전투는 도저히 이길 수가 없을 것입니다.

　그런데 장다리 병사 같은 이가 우리들 주변에도 더러더러 있습니다. 찾아보세요.

…▶ 1. 청소 시간에 늘 빠지거나, 빈둥거리며 노는 친구
　　 2. _____

 **장다리 병사에게 주는 충고의 말**

• 이 장면을 직접 옆에서 보았다면 장다리 병사에게 어떤 충고의 말을 해 주겠습니까? 적어 보세요.

…▶ _____

머리쓰기 훈련 5

더 잃을 것이 없다

　노새 두 마리가 짐을 잔뜩 지고 길을 가고 있었습니다. 한 마리는 돈이 가득 들어 있는 자루를 지고 있었고, 다른 한 마리는 보리가 가득 들어 있는 자루를 지고 있었지요. 값나가는 짐을 진 노새는 목을 꼿꼿이 세워 고개를 쳐들고 고삐에 달린 방울을 흔들어 큰 소리를 내며 걸었습니다. 한편 보릿자루를 진 그의 길동무는 조용하고 침착한 걸음걸이로 뒤따라갔습니다. 험한 고개를 넘어갈 때였습니다. 갑자기 잠복해 있던 도둑 떼가 들이닥쳤습니다. 이어 끔찍한 싸움이 벌어지고 첫번째 노새가 칼침을 맞은 뒤 돈자루를 빼앗겼습니다. 그러나 도둑들은 두 번째 노새를 보고 보릿자루는 신경 쓸 가치가 없다고 생각했지요. 짐을 빼앗긴 노새는 자기의 험한 운명을 슬퍼했습니다. 그러자 보릿자루를 진 노새가 말했습니다.
　"나는 다행이구나. 도둑들이 내게는 주목할 것 없다고 생각해 정말 다행이야. 잃어버린 것도 없고 다친 데도 없으니 말이야."

 **두 노새를 꼼꼼히 비교하기**

• 돈 짐을 진 노새의 성격은 어떠합니까? 앞쪽의 이야기를 꼼꼼히 다시 한 번 읽어 보세요.
⋯▶ 자신감이 넘치며, 약간 뽐내는 성격이다.

• 보릿자루 짐을 진 노새의 성격은 어떠합니까?
⋯▶ _____

 **돈은 항상 좋은 것인가?**

• 여러분은 돈을 좋아합니까? 왜 돈을 좋아합니까? 돈의 좋은 점은 무엇인지 생각해 봅시다.
⋯▶ 1. 가지고 싶은 물건을 항상 손에 넣을 수 있다.
    2. 고생하여 일하지 않고도 잘 살 수 있다.

• 이런 정도의 생각은 좀 유치하다고 생각합니까? 그렇다면 돈의 가치를 국가나 사회적 차원에서 생각할 수도 있을 것입니다.
⋯▶ 1. 돈이 많으면 국가의 산업을 부흥시킬 수 있다.
    2. _____

• 그런데 이 이야기를 읽다 보면 돈이 반드시 좋기만 한 것은 아니라는 것을 깨달을 수 있습니다. 만약 그렇게 생각했다면 돈이 좋기만 한 것은 아닌 이유를 정리해 보세요.
⋯▶ _____
_____

여우의 한탄

포도밭 옆을 여우 한 마리가 지나가게 되었습니다. 여우는 뛰어들어가서 포도를 마음껏 따 먹고 싶었습니다.

이곳 저곳 포도밭 울타리를 살피며 들어갈 만한 구멍을 찾았더니, 한 군데가 있긴 있는데 구멍이 너무 좁아서 들어갈 수가 없었습니다.

'무슨 방법이 없을까?'

여우는 제 몸뚱이의 살을 빼서 홀쭉하게 한 다음에 들어가기로 했습니다. 여우는 사흘 동안 아무것도 먹지 않았습니다. 그랬더니 살이 홀쭉하게 빠졌습니다. 포도밭에 들어온 여우는 사흘이나 굶었던 터라 정신 없이 포도를 따 먹었습니다.

"아, 배부르다. 실컷 먹었으니 이젠 슬슬 나가 볼까?"

여우는 들어왔던 구멍으로 머리를 내밀었습니다. 그런데 배가 뚱뚱하게 불러 도저히 빠져나갈 수가 없었습니다. 하는 수 없이 밖으로 나가기 위해 또 사흘을 굶어야만 했습니다. 그런 후에야 간신히 포도밭 밖으로 나올 수 있었습니다.

여우는 혼잣말로 중얼거렸습니다.

"내 뱃속은 포도밭에 들어갈 때나 나올 때나 똑같구나."

 **여우의 깨달음 알기**

• 여우는 포도밭에서 겨우 빠져나와 "내 뱃속은 포도밭에 들어갈 때나 나올 때나 똑같구나." 하고 중얼거립니다. 이 말로 미루어 볼 때 여우는 무언가 깨달은 것이 있는 것 같군요.
  자, 여우의 그 깨달음이 무엇일까요? 간단히 써 보세요.
⋯▶ _____

• 이 이야기를 읽다 보면 배부른 것이 항상 좋은 것만은 아니라는 생각도 드는군요. 배부른 것이 오히려 좋지 않았을 때를 생각해 보세요.
⋯▶ 1. 급한 일이 생겨서 빨리 달려가야 하는데 배가 부를 때
   2. _____

 **어떤 주장을 할 때 이 이야기를 써먹을까?**

• 참 재미있는 여우의 이야기지요. 보통 우화에서 여우는 꾀 많은 동물로 나오는데, 여기서는 좀 어리석은 동물로 그려져 있지요? 이 이야기를 어떤 상황에서 여러분이 사용하면 그 효과가 아주 잘 드러날까요? 여러분이 정치가라고 생각해도 좋고, 선생님이라고 생각해도 좋습니다. 어떤 주제를 펼칠 때 사용해 보면 좋을까요?
⋯▶ 1. 무슨 일이든지 지나치면 좋을 것이 없다는 걸 강조할 때
   2. 좋은 일이 있으면 나쁜 일도 있게 된다는 걸 가르칠 때
   3. _____
   4. _____

치료는 의사에게

　나귀 한 마리가 풀밭에서 풀을 뜯고 있었습니다. 그런데 이리가 나귀를 잡아먹으러 달려왔습니다. 나귀는 이리가 자기에게 달려오는 것을 보고 절름발이 시늉을 했습니다. 이리가 다가와서 왜 다리를 절뚝거리느냐고 물었습니다. 나귀는 울타리를 뛰어넘다 가시에 찔렸다고 대답하였습니다. 그리고 자기를 잡아먹기 전에 가시를 빼라고 충고하였습니다. 가시가 목에 걸리지 않도록 말이지요.

　　이리는 나귀의 꾀에 넘어갔습니다. 마치 자기가 의사라도 된 양, 나귀의 발을 들어올렸습니다. 이리가 골똘히 나귀 발굽을 살피고 있을 때였습니다. 갑자기 나귀는 이리의 주둥이를 발길로 힘껏 차서 이빨을 부러뜨렸습니다. 한심한 지경이 된 이리는 말하였습니다.

　　"내가 이렇게 되어도 싸지. 아버지는 내게 나귀 잡아먹는 일을 가르쳐 주었는데 그거나 잘 할걸. 공연히 의사가 할 일에 참견하는 것이 아니었는데."

 **이리의 마음 엿보기**

• 나귀를 본 이리의 마음이 점점 어떻게 변해 갔는지 판단해 봅시다. 앞쪽의 이야기를 꼼꼼히 다시 한 번 읽어 보세요.

　1. 처음 : 나귀를 잡아먹고 싶어했다.
　2. 중간 : 가시에 대한 호기심이 생겼다.
　3. 끝 : _____

• 이리에게 충고의 말을 한 마디 해 준다면?
⋯▶ 1. 쇠뿔도 단김에 빼랬잖아. 뭘 그렇게 꾸물거리고 있어.
　　2. 네 주제를 알아야지. 네가 언제부터 의사 노릇을 했니?
　　3. _____

 **나귀의 거짓말, 인정해 줘야 하나, 말아야 하나?**

• 여러분은 거짓말하는 것이 나쁘다고 배웠을 것입니다. 거짓말이 나쁜 이유는 무엇입니까? 생각해 보세요.
⋯▶ 1. 사람과 사람 사이의 건전한 믿음을 해치기 때문에
　　2. 거짓말을 하는 사람 자신의 인격이 나빠지기 때문에

• 이 이야기에서 나귀는 이리에게 거짓말을 하고 있습니다. 이런 거짓말도 나쁜 거짓말입니까? 아니면 허용될 수 있는 거짓말입니까? 어느 쪽인지 여러분 의견을 밝혀 보세요. 그리고 그 이유도 정리해 보세요.

⋯▶ _____
　　_____

잘한 일은 잘한 일

마차가 달려가고 있었습니다. 그런데 잘 달리던 마차가 갑자기 우뚝 멈추었습니다.

"무슨 일이오?"

손님들이 내다보며 물었습니다. 마부가 그 이유를 말했습니다.

"큰 나무가 바람에 뿌리째 뽑혀 길에 쓰러져 있습니다. 그래서 마차가 가지 못하고 있습니다."

모두 마차에서 내려 어떻게 할 것인가를 생각했습니다. 길을 가로막고 있는 나무는 웬만한 힘으로는 옮길 수가 없을 것 같아 보였습니다.

이렇게 사람들이 걱정만 하고 있는데 이번에는 또 한 대의 마차가 맞은편에서 달려왔습니다. 그러자 그 마차에서 키가 후리후리하고 가슴이 떡 벌어진 한 남자가 내렸습니다. 그는 나무를 번쩍 들더니 길 옆으로 치워 버리는 것이었습니다. 사람들은 입을 모아 칭찬했습니다.

그런데 그 중 유독 한 사람만이 고맙게 생각하기는커녕 못마땅한 듯이 중얼거리는 것이었습니다.

"잘한 일이긴 하지만 머리를 쓰지 않고 힘으로 해결하다니……."

 **이야기는 어떤 상황입니까?**

• 이 이야기에는 어떤 사건이 벌어지고 있습니까? 세 가지 사건으로 요약하여 봅시다.

⋯▶사건1 : 마차가 쓰러진 나무 때문에 멈추었다.
　사건2 : 상대편 마차에서 내린 건장한 사나이가 나무를 치웠다.
　사건3 : _____

• 마차에 탔던 모든 사람들이 나무를 치운 사나이에게 감사해합니다. 그런데도 유독 한 사람만은 투덜거립니다. 어린이 여러분, 바로 이 사람의 성격을 잘 분석해 보시기 바랍니다. 이 사람은 과연 어떤 성격을 가진 사람일까요?
　여러분 각자의 상상력을 최대한 발휘해 보세요.

⋯▶성격1 : _____
　성격2 : _____
　성격3 : _____

 **불평꾼에게 충고하기**

• 그런데 앞에서 분석해 본 사람 있잖아요? 못마땅한 듯 중얼거리던 사람 말이에요. 그 사람이 여러분 가족 중의 한 사람이라면 어떤 충고를 해 주겠어요? 물론 기분 나쁘지 않게 충고해야 합니다.

⋯▶ _____
　_____

곰돌이의 신발

 학교가 파하고 집으로 돌아가려던 곰돌이가 신발장 앞에서 엉엉 울고 있었습니다.

곰돌이 : 선생님, 선생님. 신발장에 제 신발이 없어요. 샅샅이
  찾아보았는데도 없단 말이에요! 엉엉…….
선생님 : 저기 있는 게 네 신발 아니니, 곰돌아?
  신발장엔 저 신발 한 켤레밖에 안 남았는데.
곰돌이 : 아니에요, 선생님. 제 신발 위에는 눈이 쌓여 있었단
  말이에요.

 **곰돌이의 바보 행동 분석**

• 이 이야기는 참 우습습니다. 이 이야기가 우스운 까닭은 무엇일까요? 아주 차분히 지적해 보세요.

⋯▶ 곰돌이가 바보 같기 때문에 우습다.
　　자기 신발도 못 찾으니까 우습다.

위처럼 대답하면 우스운 이유를 차분하게 찾아 낸 것이 되지 못합니다. 그저 '바보이기 때문에 우습다.' 또는 '우습기 때문에 우습다.' 하는 것과 같습니다. 논리가 살아 있는 분석이 되지 못하지요.

• 자, 다시 한 번 곰돌이의 바보스러운 점을 정확하게 지적해 보세요. 어떤 잘못을 곰돌이가 범하고 있는 것입니까? 논철이의 분석을 들어 볼까요?

⋯▶ 아마도 눈이 왔었나 봐요. 곰돌이는 자기 신발이라는 표시를 참 흐리멍덩하게 했습니다. 즉, 쌓인 눈을 한 줌 집어서 그것을 자기 신발 위에 놓아 둔 것입니다. 눈은 시간이 지나면 당연히 녹아서 없어지지요. 없어진 눈은 표시물로서의 역할을 할 수 없습니다. 표시물이 사라져 버렸으니 어떻게 곰돌이가 신발을 찾을 수 있겠습니까?

 **곰돌이의 잘못을 우리는 범한 적이 없나?**

• 사실 곰돌이를 비웃었지만, 우리도 가끔 곰돌이와 같은 잘못을 범할 때가 있답니다. 기준이 되는 표시를 분명히 해 두지 않아서 실수하였던 경험을 떠올려 봅시다.

⋯▶ _____

모르면서 아는 척

정부의 높은 자리에서 교육을 지도하고 감독하는 장학관이 어느 조그마한 시골의 초등 학교를 시찰하러 왔습니다. 마침 선생님의 교탁에는 지구의가 놓여져 있었습니다. 장학관이 학생에게 물었습니다.

"이 지구의는 왜 기울어져 있는가?"

질문을 받은 학생은 얼굴이 빨개져서 더듬거리며 대답했습니다.

"제가 그렇게 한 게 아닙니다."

너무나 엉뚱한 대답에 장학관은 어이가 없어서 옆에 서 있던 선생님에게 다시 물어 보았습니다.

"아이들을 어떻게 가르쳤기에 이런 대답이 나오게 하십니까?"

그러자 선생님도 얼굴을 붉히면서 더듬더듬 대답하였습니다.

"이 지구의는 처음 사 올 때부터 기울어져 있었습니다."

장학관은 더욱 어이가 없었습니다. 그래서 교장 선생님을 오시라고 하였습니다.

교장 선생님은 장학관의 말을 듣자 곧 담임 선생님에게 말했습니다.

"내가 얼마나 당부를 했습니까? 이런 교재를 살 때에는 절대로 고물상에서 사 오지 말라고 말입니다."

 **지구의는 왜 기울어져 있는지 알아 두어야지**

• '지구의'란 지구를 본떠서 만든 작은 지구 모형을 말합니다. 이 지구의를 가만히 보면 지구가 똑바로 서 있지 않고 약간 비스듬히 기울어져 있는 것을 볼 수 있습니다.

지구는 하루에 한 번 스스로 돌면서, 1년에 한 번 태양을 돌게 되지요. 그러니까 지구는 팽이처럼 스스로 돌면서 다시 태양의 둘레를 한 바퀴 도는 것입니다.

그런데 팽이의 축에 해당하는 지구 굴대(달리 말하면 자전축)가 옆으로 조금 기울어진 채 태양의 둘레를 돈다는 것입니다. 이러한 지구의 모양과 움직임을 그대로 본떠서 지구의를 만들었기 때문에 지구의에서 지구는 약간 기울어진 채로 놓여 있게 되는 것입니다.

• 이 이야기에서 학생, 선생님, 교장 선생님, 이 세 사람의 공통점은 무엇입니까? 장학관이 지구의에 대해서 잘 알고 있는 점에 비해서 이들 세 사람은 어떻습니까?

⋯▶ _____

이 이야기의 어떤 점이 우리를 웃게 합니까?

• 이 이야기는 읽어 볼수록 웃음이 나옵니다. 인물들의 행동에서 웃음을 주는 이유를 찾아서 정리해 봅시다.

⋯▶ 1. _____
    2. _____

부드러움의 강함

 북녘 바람과 태양이 누가 더 센가로 말싸움을 벌였습니다. 그래서 지나가는 나그네의 옷을 벗기는 쪽을 승자로 하는 데 의견을 같이했습니다.

 바람이 먼저 자기의 힘을 과시하였습니다. 심한 돌풍을 만들어 내려보냈습니다. 그러나 그 심한 돌풍은 나그네로 하여금 오히려 옷을 바짝 조여 입게 만들 뿐이었습니다. 북녘 바람이 더욱 세게 불자 추위로 몸이 언 나그네는 옷을 벗기는커녕 외투까지 걸쳤습니다. 마침내 바람은 옷 벗기기를 단념하였습니다.

 이번에는 태양이 시도할 차례가 되었습니다. 처음엔 그저 따뜻할 정도로만 햇볕을 비추었습니다. 그러자 나그네는 외투를 벗었습니다. 이어서 아주 뜨겁게 열을 내었습니다. 더위를 이기지 못한 나그네는 마침내 옷을 벗었고 근처의 강으로 목욕을 하러 갔습니다.

 **이 이야기의 숨어 있는 주제 찾기**

• 이 이야기는 물론 우화입니다. 북풍과 태양이 실제로 내기를 한다는 것은 있을 수 없는 일이지요. 이런 이야기를 통해서 사람들은 인생의 지혜를 후손들에게 전하려고 했던 것입니다. 이 이야기에 숨어 있는 주제를 말해 봅시다.

⋯▶ 1. 무엇이든 완력으로 되는 일은 없다.
　　2. 부드러움이 때로는 더 강한 힘을 발휘한다.

 **거꾸로 생각하기**

• 이 이야기에서는 태양의 따뜻한 힘이 북풍의 거센 힘을 이기는 것으로 나타나 있습니다. 그런데 세상의 모든 일이 항상 그렇기만 할까요? 북풍이 태양의 힘보다 더 센 경우는 없을까요? 만약 그런 경우가 있다면 어떤 경우일까요?

⋯▶ 1. 거대한 풍차를 돌려야 하는 경우
　　2. _____

 **생활 경험 속에 비추어 보기**

• 태양의 따뜻한 힘이 북풍의 드센 힘을 이기는 경우를 경험해 본 적이 있습니까? 엄한 벌보다는 따뜻한 이해의 말 한 마디가 더 마음을 움직였던 경우를 생각해 봅시다.

⋯▶ _____
_____

교묘한 속임수의 말

어느 상인이 옷을 팔고 있었습니다. 아동복을 사러 온 손님이 옷을 고르면서 주인에게 물었습니다.

"이 옷은 세탁을 해도 줄지 않습니까?"

주인은 자신 있게 대답했습니다.

"물론입니다. 그건 우리 가게에서 제일 고급품입니다. 절대로 줄지 않는다고 약속할 수 있습니다. 조금도 걱정하지 마십시오."

손님은 그제서야 마음놓고 그 옷을 샀습니다. 그런데 일주일 후에 옷이 더러워져 세탁을 하게 되었습니다.

그랬더니 상점 주인의 말과는 달리 옷은 형편없이 바짝 줄어 버렸습니다.

아동복을 샀던 사람은 아이에게 그 옷을 입히고 가게를 찾아갔습니다. 그러고는 화가 나서 주인에게 항의를 했습니다.

"당신은 이 옷이 최고급품이라고 장담했는데 이게 무슨 꼴이오?"

그러자 옷가게 주인은 줄어든 옷을 입은 아이의 머리를 쓰다듬으면서 다정하게 말하는 것이었습니다.

"넌 정말 귀엽구나. 일주일 전에 비해 몰라보게 자랐군."

생각의 샘 — 옷가게 주인의 거짓말 찾기

• 이 이야기에서 옷가게 주인은 아주 교묘한 말솜씨로 손님들의 정신을 혼란하게 하고 있습니다. 이 이야기를 잘 읽어 보면 옷가게 주인은 두 번 거짓말을 하고 있습니다. 찾아보세요.

➡ 거짓말1: "이 옷은 세탁해도 줄지 않습니다."
　거짓말2: _____

• 옷가게 주인은 옷이 줄어든 것을 시인합니까? 부인합니까? 시인한다면 어느 대목에 나타나 있습니까? 마찬가지로 부인한다면 어느 대목에 나타나 있습니까?

➡ _____

생각의 날개 — 옷가게 주인 비판하기

• 옷가게 주인의 성격이나 행동에는 문제가 많습니다. 이야기를 잘 분석하고 옷가게 주인에 대해서 두 가지 이상 비판할 수 있도록 해 봅시다.

➡ 비판점1: _____
　비판점2: _____

• 옷가게 주인이 저렇듯 거짓말을 하는데도 얼핏 들으면 거짓말 한다는 느낌을 주지 않습니다. 그 이유는 무엇일까요?

➡ _____

죽음으로 전한 교훈

병으로 죽을 날이 얼마 남지 않은 한 부지런한 농부가 있었습니다. 죽음을 앞둔 농부는 자기 아들들이 훌륭한 농사꾼이 되기를 바랐습니다.

그러나 아들들은 게으르고 놀기만 좋아했습니다. 농부는 어느 날 아들들을 불러 놓고 말했지요.

"얘들아, 나는 곧 이승을 뜬다. 내가 우리 포도밭 땅 속에 보물을 숨겨 놓았다. 너희들은 내가 포도밭에 숨겨 놓은 것을 찾아 내야 한다. 내가 너희들에게 줄 모든 것이 거기 있다."

　아들들은 포도밭 어딘가에 보물이 묻혀 있다고 생각했습니다. 그래서 아버지가 돌아가신 후 땅 구석구석을 팠습니다. 감추어 둔 보물은 찾을 수 없었지요. 그러나 땅을 잘 갈아 놓은 덕분으로 그 해 포도덩굴은 잘 자랐고, 가을이 되자 굉장한 포도 수확을 올렸습니다. 아들들은 그제야 돌아가신 아버지의 큰 뜻을 깨달았습니다. 그러나 불평하는 아들도 있었습니다.

 **아버지는 어떤 사람인가?**

• 이 이야기의 중심 인물은 단연 아버지라고 할 수 있습니다. 이 글에 나타난 아버지의 지혜로움을 아주 구체적으로 생각하여 정리해 볼 수 있겠습니까?

➞ 1. 실제적 실천과 경험으로 깨닫게 하시는 분이다.
　 2. 아들들의 게으름과 허욕을 잘 꿰뚫어 보신다.
　 3. 먼 앞날을 내다보고 일을 설계하신다.

 **아들들의 반응 예상하기**

• 아버지의 소망은 게으른 아들들이 농사일의 소중함을 알고 훌륭한 농부로 일하는 것이었습니다. 아들들의 반응은 어떠했을까 상상해 보세요. 아버지의 깊은 뜻을 알아차린 아들과 그렇지 못한 아들로 나누어 생각해 볼까요?

➞ 1. 아버지의 뜻을 깨달은 아들의 반응: "부지런함이 곧 인생의 보물이며 농사꾼의 보배라는 것을 가르쳐 주신 거야."
　 2. 아버지의 뜻을 깨닫지 못한 아들의 반응: ＿＿＿＿＿
　＿＿＿＿＿＿＿＿＿＿＿＿＿＿＿＿＿＿＿＿＿＿

 **주제 적용하기**

• '진정한 인생의 보물은 무엇인가' 라는 주제로 말하려고 합니다. 말할 내용을 정리해 봅시다.

➞ 1. ＿＿＿＿＿＿＿＿＿＿＿＿＿＿＿＿＿＿＿
　 2. ＿＿＿＿＿＿＿＿＿＿＿＿＿＿＿＿＿＿＿

쓸데없는 걱정

무거운 짐을 진 장사꾼이 길을 걸어가고 있었습니다. 마침 그 옆을 마차가 지나가다가 이 장사꾼을 보았습니다. 마부가 딱하게 생각하여 마차를 세우고 말했습니다.

"여보시오. 얼마나 힘이 드십니까? 이 마차에 타십시오."

"고맙습니다."

장사꾼은 고맙다는 말을 몇 번이나 하고 마차에 탔습니다. 그런데 장사꾼은 등에 지고 있는 무거운 짐을 내려놓으려고 하지 않는 것이었습니다. 이상하게 생각한 마부가

"짐을 내려놓으시오. 그렇게 지고 있으면 무겁지 않겠소?" 하고 말했습니다. 이 말을 들은 장사꾼은 미안스러워하면서 이렇게 대답하는 것이었습니다.

"미안해서 그럽니다. 저를 태운 것만도 말에게는 큰 부담이 될 텐데 어떻게 짐까지 실을 수 있겠습니까?"

 **장사꾼의 성격 여러 가지로 분석하기**

• 짐을 진 장사꾼은 보기에 따라서는 여러 가지 성격으로 보일 수 있습니다. 친구들에게 이야기를 들려 주고 장사꾼의 성격이 어떠한지를 물어서 조사해 봅시다.

⋯▶ 의견1: 순박한 사람이다.
　　의견2: 무지한 사람이다.
　　의견3: _____

 **장사꾼에게 어울리는 속담 찾아보기**

• 마차에 탄 장사꾼의 처지를 잘 나타내는 속담으로 적당한 것이 없을까요? 장사꾼이 보여 주는 행동을 잘 살펴본 다음에 적절한 속담을 찾아보도록 합시다.

⋯▶ 속담1: 하나만 알고 둘은 모른다.
　　속담2: _____

 **장사꾼의 판단, 어디가 잘못되었는가?**

• 마차 위에서도 짐을 들고 있는 장사꾼의 판단은 잘못된 판단입니다. 이 판단은 어디가 잘못되었습니까?

⋯▶ _____
_____

머리쓰기 훈련 15

필요할 때 함께 하는 친구

　두 친구가 함께 여행하고 있을 때 갑자기 곰이 나타났습니다. 한 사람은 제때에 나무로 올라가 거기 숨어 있었습니다. 그러나 다른 한 사람은 미처 피하지를 못했습니다. 곧 잡혀 먹힐 것을 알고 얼른 땅바닥에 누워 죽은 체하였습니다.

　곰이 코를 대고 온통 그의 냄새를 맡는 사이, 그는 숨을 죽였습니다. 곰은 시체를 건드리지 않는다는 얘기가 있었으니까요. 곰이 떠나 버리자 나무에 올라갔던 사람이 내려와 곰이 귀에 대고 무슨 소리를 했느냐고 친구에게 물었습니다.

　"위험에 처한 친구 곁을 떠나, 혼자서만 살겠다는 사람과는 앞으로 함께 다니지 말라고 말했다네."
하는 것이 대답이었습니다.

 **이야기 내용 분석하기**

- 땅에 누워 있던 친구에게 곰이 뭐라고 말했다고 합니까?
⋯▸ 위험에 처한 친구 곁을 떠나, 혼자서만 살겠다는 사람과는 앞으로 함께 다니지 말라.

- 곰이 정말로 그렇게 말했을까요?
⋯▸ 곰이 그렇게 말했다기보다는 땅에 누워서 곰의 위협을 느꼈던 친구가 만들어 낸 말일 것이다.

- 그렇다면 곰이 했다는 말은 만들어 낸 말이므로 별 의미가 없지 않을까요?
⋯▸ 반드시 그렇지는 않다고 본다. 땅에 누웠던 친구가 나무로 피한 친구에게 전하고자 한 마음이 담겨져 있기 때문이다.

- 그렇다면 친구는 왜 자기의 생각을 직접 말하지 않고, 곰의 말을 빌려서 말하는 방식으로 전했을까요?
⋯▸ _____

 **결과 예상하기**

- 나무에 올라갔던 친구는 나중에 마음이 어떠했을까요? 미안한 마음이 들 수도 있고, 억울한 오해를 받았다고 생각할 수도 있습니다. 나무에 올라갔던 친구가 나중에 뭐라고 대답했을 것 같습니까?
⋯▸ _____
_____

필요할 때만 우리

 꾀돌이와 순돌이가 함께 길을 가다가 그 중 순돌이가 땅 위에 떨어져 있는 은도끼를 주웠습니다.
 "우리는 오늘 횡재를 했다."
하고 꾀돌이가 말했습니다. 그러자 순돌이가 말했습니다.
 "꾀돌아, '우리'라고 말하지 마. 내가 횡재를 한 거야."

얼마 후 은도끼를 잃어버린 사람들이 두 사람을 따라왔습니다. 바짝 뒤쫓아오는 사람들이 은도끼 임자들임을 알아차리고, 은도끼를 주워서 가지고 있던 순돌이가 말했습니다.
"아, 우리는 이제 큰일났다. 도둑으로 몰리게 되었다."
그러자 이번에는 꾀돌이가 말했습니다.
"'우리'라는 소리는 하지도 마. '나는 이제 큰일났다' 이렇게 말해야지. 순돌이 네가 은도끼를 주웠을 때 혼자 가지려 했지 않니?"
순돌이는 울고 싶어졌습니다.

 **누가 더 진정한 친구인가?**

- '우리'라는 말을 쓸 수 있으려면 참 많은 노력과 자격이 필요하다는 것을 느낄 수 있군요. 꾀돌이와 순돌이 중 누가 더 우정이 깊은 사람입니까? 만약 우정이 깊다고 할 수 없다면 왜 그렇습니까?

⋯ _____

- 이 두 사람의 장래는 어떻게 될지 예상해 봅시다. 그리고 이들 두 사람의 관계는 어떻게 되리라고 봅니까? 자유롭게 상상하되, 앞의 이야기와 연결이 될 수 있도록 하세요.

⋯ _____
_____

 **이야기 활용하기**

- 이 이야기를 자료로 활용하여 어떤 주장을 담은 글을 쓰려고 합니다. 적절하지 않은 것은 어떤 것입니까?

⋯ 1. 진정한 '우리'가 되기 위해서는 이기심을 버려야 한다.
　 2. 좋을 때만 친한 친구는 친구가 아니다.
　 3. 위급할수록 의리를 생각하라.
　 4. 욕심을 버리면 마음이 평안하다.(×)

- '기쁨은 나누면 두 배가 되고, 슬픔은 나누면 반으로 줄어든다.'라는 말을 잘 생각해 보면서, 위의 이야기와 정반대가 되는 이야기 하나를 꾸며 봅시다.

제 꾀에 제가 빠지는 꼴

　소금 짐을 지고 강을 건너던 나귀가 발을 헛디뎌 물에 빠졌습니다. 그래서 소금이 녹아 버렸지요. 다시 일어섰을 때, 소금이 녹아 짐이 가벼워진 것을 알고 나귀는 굉장히 기뻤습니다.
　나귀 주인은 나귀의 나쁜 꾀를 고치려고 이번에는 나귀의 등에 솜을 가득 실었습니다. 그러고는 다시 강을 건너가게 했습니다. 그랬더니 나귀는 그것도 모르고 지난번처럼 일부러 물에 빠졌습니다. 물 속으로 들어가면 전과 똑같은 일이 벌어질 것이라고 생각했지요.
　그러나 이번엔 솜을 지고 있었고 솜이 물을 너무나 많이 빨아들여 엄청나게 무거워졌습니다. 마침내 나귀는 머리를 치켜올릴 수가 없어 물에 빠져 죽고 말았습니다.

 **이야기 내용 분석하기**

• 소금과 솜의 가장 두드러진 차이를 말해 봅시다.
→ 소금은 물에 녹고, 솜은 물을 흡수한다.

• 나귀의 어리석음을 논리에 맞게 지적해 봅시다.
→ 1. 등에 싣는 짐이 어떤 물건인지 파악하지 않았다.
   2. 한번 물에 빠져 짐이 가벼워진 경험이 항상 통하리라고 믿었다.

 **제 꾀에 제가 빠진 경험 찾기**

• 이 나귀와 같은 어리석음을 범하는 경우를 두고, 흔히들 '자기 꾀에 자기가 넘어갔다.'라고 말합니다.
  이야기에 나오는 나귀와 같은 사람을 주변에서 본 적이 있습니까? 또 여러분 자신은 그런 경험이 없습니까? 있다면 말해 봅시다.
→ 1. 혹 떼러 갔다가 혹 붙이고 온 혹부리 영감 이야기
   2. _____

• 나귀에게 도움이 될 만한 말을 해 주는 편지를 간단히 써 보도록 합시다. 또 나귀와 같은 사람에게 어떤 충고를 해 주겠습니까?

〈나귀에게 보내는 짧은 편지〉

_____
_____
_____

이기심 때문에……

말과 나귀가 주인과 함께 길을 가고 있었습니다.
나귀는 짐이 많아 헐떡거리며 고통스러워했습니다.
"내 목숨을 구해 주게나. 그러려면 우선 내 짐을 나누어 져 주게."
하고 나귀가 말에게 말했습니다.

그러나 말은 그러기는 싫다고 하였지요. 과로로 기운이 다 빠진 나귀는 마침내 쓰러져 죽고 말았습니다.

그러자 주인은 짐 전부를 말에게 지웠습니다. 게다가 나귀의 가죽까지 말에게 얹었지요. 말은 신음 소리를 내면서 처량하게 탄식했습니다.

"아! 내 자신을 이런 참담한 지경으로 빠뜨리다니! 나귀의 가벼운 짐도 마다했는데 이제 이 꼴이 뭐람. 나귀 가죽이고 뭐고 온통 전부를 지고 가야 하다니."

 **이야기의 주제를 생각해 봅시다**

• 이웃을 돕지 않고 자기의 이익만 생각하면 편해질 것 같지만, 오히려 나중에 남을 돕지 않음으로 인해 더 고통스러워지는 것을 보여 주고 있습니다. 실제로 이런 모습이 우리의 생활 속에도 많이 있습니다.

이 이야기의 주제를 한번 정리해 볼까요?
→ 이기심은 결국 자신을 망치게 한다.

• 이기심이란 말을 글자 뜻 그대로 해석해 봅시다.
→ 이기심은 한자어입니다. 이(利 이로울 이), 기(己 몸 기, 자기 기), 심(心 마음 심) 등의 한자로 이루어진 말입니다. 즉 자기 자신만을 이롭게 하려는 마음이라는 뜻이 되는 것입니다.

 **지옥 이야기와 비교해 보기**

• 다음 지옥 이야기를 읽고 앞쪽의 이야기와 비슷한 점이 있는지 생각해 봅시다.

> 어떤 사람이 죽어서 저승에 갔습니다. 저승에서 천국 구경도 하고 지옥 구경도 하였습니다. 그런데 듣던 것과는 달리 천국과 지옥이 다른 점이 없었습니다. 천국에 사는 사람들이나 지옥에 사는 사람들이나 모두 지팡이만한 길다란 숟가락으로 큰 솥에 둘러앉아 밥을 퍼먹는 것이었습니다.
>
> 그런데 유심히 보니, 한 가지 다른 점이 있었습니다. 천국 사람들은 그 긴 숟가락으로 뜬 음식을 서로 상대방 입에 넣어 주고 있는데, 지옥 사람들은 긴 숟가락으로 뜬 음식을 한사코 자기 입으로 집어넣으려다 음식만 떨어뜨리는 것을 끝없이 반복하는 것이었습니다.

방향이 문제이다

한 사람이 덕산 마을까지 가려 하고 있었습니다. 처음 가는 길이라 얼마나 더 가야 하는지를 모르고 있었습니다. 마침 마차 한 대가 지나가는 것이 보였습니다. 그 여행자는 마부에게 물었습니다.

"여기서 덕산 마을까지는 얼마나 됩니까?"

"예, 반 시간 가량 가면 될 겁니다."

"대단히 죄송합니다만 좀 태워 주시겠습니까?"

마부는 선선히 허락했습니다.

그 사람은 고맙다는 인사를 하고 마차를 탔습니다. 그런데 반 시간을 가도 원래 가려고 했던 목적지 마을이 나타나지 않는 것이었습니다. 그래서 이상하게 생각하여 마부에게 물었습니다.

"덕산 마을까지는 아직 멀었습니까?"

"예, 약 한 시간쯤 걸립니다."

이 말에 여행을 하는 사람은 깜짝 놀라 되물었습니다.

"아니, 아까 물어볼 때는 약 반 시간이라고 하지 않았습니까? 어떻게 더 멀어질 수가 있습니까?"

"방향을 묻지는 않지 않았소. 이 마차는 반대 방향으로 가고 있는 중인데."

 **나그네의 잘못 분석하기**

• 나그네의 잘못은 무엇입니까? 얼른 보면 마부의 잘못 같지만 마부를 탓할 수는 없습니다. 일차적인 잘못은 나그네 자신에게 있었으니까요.

→ 1. 마부에게 덕산 마을로 가는 방향을 묻지 않았다.
    2. 마차가 가는 방향을 확인하지 않았다.
    3. 자기에게 필요한 정보를 정확하게 요구하지 않았다.

• 나그네의 잘못에서 우리가 얻을 수 있는 교훈은 무엇이라고 생각합니까? 두 가지 이상 써 보세요.

→ 1. _____
    2. _____

 **방향을 모르면 어떻게 되나?**

• 방향을 모르고 가면 어떤 어려움을 만나게 됩니까? 여러 가지 경우를 통해서 이야기해 봅시다.

→ 1. 사막이나 숲에서 헤매다가 쓰러지게 된다.
    2. 한참 갔던 길을 되돌아 나와야 한다.

• 인생에서 방향을 잘못 알고 살아가는 사람이나, 방향을 잃은 사람들은 어떻게 살게 될까요? 각자의 생각을 적어 봅시다.

→ 1. _____
    2. _____

그럴듯한 변명

미술 시간에 목장 풍경을 그리기로 하였다.
그런데 얄숙이의 도화지는 백지 그대로였다.

선생님 : 얄숙아, 너 지금 무슨 그림을 그리고 있는 거냐?
얄숙이 : 풀을 뜯고 있는 소의 그림이에요.
선생님 : 그런데 풀은 어디 있니?
얄숙이 : 소가 다 먹었어요.
선생님 : 그럼 소는 어디 있어?
얄숙이 : 집에 갔어요. 풀을 다 먹었는데 뭐 하러 계속 여기 있겠어요?

 **얄숙이의 말장난은 논리에 맞지 않는다**

• 얄숙이가 미술 시간에 그림은 그리지 않고, 선생님에게는 이상한 말장난으로 자기의 행동(그림을 그리지 않고 시간만 보낸 것)이 옳은 것인양 말하고 있습니다.

자, 그러면 지금부터 얄숙이의 말이 과연 논리에 맞는 옳은 말인지 아닌지를 따져 나가 보기로 합시다. 어린이 여러분도 정신 바짝 차리고 모두 참여하세요.

• 얄숙이의 말은 재미는 있지만 논리에 맞는 말은 아니에요. 그림을 그리지 아니한 얄숙이의 행동이 정당하다는 생각이 전혀 들지 않는단 말이에요.

• 얄숙이의 말은 '미술 시간에는 그림을 그려야 한다.'는 대전제를 무시하고 있습니다. '풀을 먹는 소'라는 그림을 그리기로 했으면서도 실제로 도화지에는 아무것도 그려 놓지 못했습니다. 이것을 무엇으로 변명하고 있습니까?

• 풀은 다 뜯어먹어서 없고, 풀을 다 먹은 소는 집에 가 버렸다는 것입니다. 그러나 그러기 전에 풀을 뜯어먹던 소의 모습이 분명히 있었지 않겠습니까? 얄숙이는 바로 그 소의 모습을 그리겠다고 한 것입니다. 그런데 그 소의 모습은 그리지 않고 소도 풀도 다 없어졌다는 이야기만 하고 있습니다.

• 또, 풀도 없고 소도 없는 모습은 그냥 흰 공간이기만 합니까? 풀도 소도 없는 공간은 그것 나름대로 어떤 모습이 있을 것입니다. 그거라도 그려야지요.

사과 나누기

엄마가 꾀돌이한테 큰 사과 하나와 작은 사과 하나를 주셨습니다. 그러시면서 말씀하시기를 이 사과들을 누나인 꾀숙이와 나누어 먹으라고 했습니다. 꾀돌이는 누나한테 작은 사과를 주었습니다.

두 남매 사이에 이런 대화가 오가고 있습니다.

꾀숙이: 얌체! 만일 엄마가 나더러 나누어 주라고 했으면, 너한테 큰 걸 주고 난 작은 걸 먹었을 거야.

꾀돌이: 누나 뜻대로 됐잖아. 그런데 뭐가 불만이야?

 **꾀돌이의 공박은 타당합니까?**

• 큰 것은 자기가 먹고 작은 것은 누나를 준 꾀돌이. 누나가 나 같으면 큰 것을 너에게 주겠다고 하자 어쨌든 결과적으로 누나가 바라는 대로 했으니 무슨 불만이 있느냐고 합니다.
꾀돌이에게 무어라고 한 마디 해 주고 싶습니까?

···▶ _____

• 꾀숙이 누나가 가지고 있는 진정한 뜻은 무엇일까요?
···▶ 1. 상대방을 먼저 좋은 것으로 대접하는 것이 예의이다.
    2. 일을 주관하는 사람은 자기 이익을 먼저 챙겨서는 안 된다.

 **꾀숙이 누나의 생각을 곰곰이 따져 보니**

• 꾀숙이 누나는 자기가 나쁜 것을 가지더라도 남에게 좋은 것을 주겠다고 하면서도 막상 자기에게 나쁜 것이 배당되니까 동생을 얌체라고 나무랍니다. 꾀숙이 누나의 생각은 한 가지로 정해져 있지 않고 왔다갔다하는 걸까요?
아마도 자기가 처한 형편에 따라서 생각이 달라지는 것 아닐까요? 자, 잘 생각해서 적어 넣어 보세요.

···▶ 1. 꾀숙이 누나 자신이 사과를 직접 나누어 주는 형편에 놓여 있을 때: _____
_____

    2. 동생이 나누어 주는 사과를 받아야 하는 형편에 놓여 있을 때: _____

하나님의 오백 원, 꼬마의 오백 원

한 꼬마가 일요일 아침에 교회에 가고 있었다. 꼬마의 호주머니에는 오백 원짜리 동전 두 개가 들어 있었다. 하나는 엄마가 교회에서 헌금을 내라고 준 것이고, 또 하나는 집에 오는 길에 과자 사 먹으라고 준 것이었다.

꼬마는 교회를 눈앞에 두고 그만 발을 헛디뎌서 넘어지고 말았다. 그 바람에 호주머니에 있던 오백 원짜리 동전 하나가 떼굴떼굴 굴러 하수구에 빠지고 말았다. 꼬마는 툭툭 털고 일어나더니 하늘을 보고 말했다.

"죄송합니다, 하나님. 지금 하수구에 빠진 오백 원은 하나님 드릴 거였어요."

 **꼬마의 입장이 되어서 꼬마의 생각을 이해해 보기**

• 참 웃기는 꼬마이지요. 그리고 너무 솔직하고 꾸밈이 없어서 귀엽기도 하구요. 꼬마의 생각과 판단을 이해하는 점들을 아주 간략하게 말해 보도록 합시다.

→ 1. 과자를 사 먹고 싶은 욕구가 교회 헌금보다 더 강하다.
    2. 하나님의 존재를 알고는 있다. 그래서 조금 미안해한다.
    3. 당장 헌금을 안 한다고 해서 꾸중을 들을 일은 없다.

 **꼬마의 행동을 비판해 보기**

• 그렇다고 꼬마의 행동이 본받을 만한 모범적인 일이라고 할 수는 없습니다. 오히려 꾸중들을 일이지요. 꼬마의 행동을 이치에 맞게 비판해 봅시다.

→ 1. 더 중요한 일, 더 가치 있는 일이 무엇인지를 모른다.
    2. 욕구를 참아 내는 힘이 부족하다.
    3. 자기에게 편한 대로 생각한다.

 **만약 그 돈이 헌금할 돈이 아니고 약을 살 돈이었다면**

• 자, 문제가 재미있게 되었지요? 헌금할 돈이야 하나님께 미안하다고 하면 별 부담이 없지만, 그 돈이 약을 살 돈이었다면 어떻게 했을까요? 꼬마의 행동을 미리 상상해서 이야기의 끝 부분을 만들어 보세요.

모자를 쓰는 까닭

마리와 꼬리는 무척 사이가 나쁘다.
어느 날, 마리가 꼬리에게 모자 자랑을 했다.

꼬리 : 너의 아버지는 왜 안경을 쓰셨니?
마리 : 눈이 몹시 나쁘시기 때문이야.
꼬리 : 그럼 너의 할머니는 왜 보청기를 끼셨어?
마리 : 우리 할머니는 귀가 몹시 나쁘시거든.
꼬리 : 그럼 넌 머리가 무척 나쁘겠구나. 모자를 쓴 걸 보니.

 **꼬리의 판단을 꼼꼼히 따져 봅시다**

• 꼬리가 마리에게 무안을 주기 위해서 아주 묘한 판단을 하고 있네요. 꼬리의 판단은 겉으로는 그럴듯하지만, 사실은 논리에 맞지 않는 판단이랍니다.

우선 꼬리의 판단을 모두 모아서 순서대로 정리해 봅시다.

⋯ 〈판단 1〉 눈이 나쁘면 안경을 쓴다.
〈판단 2〉 귀가 나쁘면 보청기를 낀다.
〈판단 3〉 머리가 나쁘면 모자를 쓴다.

• 위의 판단 중 맞는 판단과 틀린 판단을 지적해 봅시다.

⋯ 〈판단 1〉과 〈판단 2〉는 맞는 판단이지만 〈판단 3〉은 맞는 판단이라고 할 수 없습니다. 이것은 굳이 따져 보아서 안다기보다 우리의 일상 생활 경험 속에서 알 수 있는 것입니다.

 **꼬리의 판단이 얼핏 보면 왜 그럴듯한가?**

• 꼬리의 말을 아무 생각 없이 따라가다 보면 제법 그럴듯해 보이기도 합니다. 그러나 여기에 넘어가서는 안 되는 거지요. 꼬리의 판단이 얼핏 보면 왜 그럴듯한가요?

1. 〈판단 1〉과 〈판단 2〉는 옳은 판단입니다. 앞에서 옳은 판단이 나온 것에 이어서 잘못된 〈판단 3〉을 내어 놓게 되면, 듣는 사람은 그것까지도 옳은 것인양 생각하게 됩니다.

2. 근본적으로는 안경·보청기와 모자의 쓰임에 차이가 있다는 것을 알아야 합니다. 즉, 안경·보청기는 눈이나 귀가 약한 사람이 사용하는 것이고, 모자는 멋을 내기 위한 것입니다.

끓는 물거품 속에는 무엇이 있을까?

냄비에 물을 붓고 끓이면 부글부글 물거품이 계속 위로 떠오른다.

그 물거품 안에는 무엇이 들어 있을까? 정답부터 얘기하자면, 물거품 안에는 공기가 아닌 100℃의 수증기가 들어 있다.

'비등'과 '증발'을 혼동하고 있는 사람들이 많다. 액체인 물이 기체인 수증기로 변하는 현상이란 점에서는 둘 다 똑같다.

그러나 비등(액체가 끓어오름)은 1기압이 못 될 때에는 100℃ 이상에서만 일어나지만, 증발은 어느 온도에서나 일어난다는 점에서 다르다.

증발은 심지어 물이 얼음으로 되어 있는 영하의 온도에서도 일어난다. 고체에서 기체로 바뀔 때에는 특별히 '승화'란 말을 쓴다.

좀더 자세히 말하면, 대기의 상대 습도가 100퍼센트 미만일 때 물의 표면에서는 언제나 증발이 일어나고 있다.

그러나 비등은 물의 온도가 100℃가 될 때 아주 짧은 시간에 급하게 일어난다. 또한 비등은 물의 표면에서뿐만 아니라 냄비의 밑바닥에서부터도 생겨나므로 물거품은 표면까지 올라와 터지면서 그 안에 들어 있던 수증기가 공기 중으로 퍼져 나가게 된다.

 **나타난 사실의 이해**

• 이 글에는 여러 가지 현상을 과학적으로 설명하고 있습니다. 이 글에 나타난 사실과 현상들을 여러분이 얼마나 과학적으로 이해했는지를 알아보기로 합시다.

다음 내용이 맞는 사실인지 틀린 사실인지 판단해 보세요.
1. 물 끓는 냄비 속의 물거품 안에는 액체인 물이 들어 있다.
2. 물은 섭씨 100도에서만 수증기로 변한다.
3. 액체 상태의 물도 승화할 수 있다.
4. 습도가 높을수록 물의 증발은 많이 일어난다.
5. 증발하는 물체는 물밖에 없다.

• 여러분 어때요? 위의 다섯 가지 내용은 모두 틀린 사실들이에요. 앞쪽에 주어진 글을 조금만 꼼꼼히 읽으면 모두 쉽게 풀 수 있는 문제였는데요. 물론 비등과 증발에 대한 평소의 경험과 관찰로 얻은 지식을 동원하면 더 훌륭한 사고(생각)를 할 수 있겠지요?

 **비등 현상에 비유할 수 있는 것 찾아보기**

• 물이 펄펄 끓어서 거품이 생기고, 그 거품이 터져서 수증기로 변해 가는 것을 '비등'이라고 한답니다. 이런 비등 현상에 비유하여 표현할 수 있는 것들을 열거해 봅시다.
→ 1. 약이 오를 대로 올라서 분통을 터뜨리려는 바로 그 순간
  2. 사람들의 분노가 점점 들끓어 올라 폭동으로 터지려는 순간
  3. _____

시베리아 호랑이, 멸종 위기에 이르다

　시베리아 호랑이가 밀렵(금지된 사냥을 몰래 하는 것)으로 멸종(생물의 한 종자가 완전히 없어져 버림) 위기에 몰려 동물을 사랑하는 많은 사람들의 마음을 아프게 하고 있다.
　러시아 정부의 최근 발표에 따르면, 지난 1992년부터 1994년 사이에 밀렵꾼들에 의해 죽은 시베리아 호랑이는 150여 마리로, 현재 남아 있는 호랑이는 겨우 250~300마리 정도인 것으로 추산되고 있다.
　러시아의 시베리아 호랑이 보호 지역인 포그라니츠니에서도 호랑이를 찾아보기 힘든 상태라고 한다.

시베리아 호랑이가 멸종 위기에 놓이게 된 것은 10여 년 전부터 사람들이 러시아 정부의 수렵 금지 조치를 무시하고 닥치는 대로 호랑이를 잡기 시작했기 때문이다.

호랑이는 상품 가치가 높은 까닭에 이 지역에서 호랑이 사냥은 쉽게 돈을 벌 수 있는 수단이 된다. 밀렵꾼들은 호랑이 한 마리의 가죽을 중고차 한 대 값을 받고 중개인에게 넘기고, 이 가죽은 다시 중고차 두 대 값에 일본인들에게 팔려 나간다.

호랑이를 만병 통치약으로 여기는 중국 사람들도 밀렵을 부추기는 요인이 되고 있다. 심장을 먹으면 용감해지고, 뼈는 상처를 빨리 아물게 하는 특효약이며, 발톱은 행복을 가져온다고 믿어 부적으로 쓰이는 등 호랑이는 몸 부위의 어느 한 군데도 버릴 것이 없기 때문이다.

 **나타난 사실로 미래를 예측하기**

• 이 글에서는 시베리아 호랑이의 밀렵에 대한 이야기를 하고 있습니다. 여기에 나타난 사실로써 우리는 미래의 여러 사실들을 예측할 수 있습니다.

물론 바르게 예측하기 위해서는 주어진 글을 충분히 그리고 세밀하게 읽어야 합니다.

앞의 글을 통해서 예측할 수 있는 것들을 모아 봅시다.

1. 먹잇을 먹지 못하면 2~3년 내로 호랑이는 멸종될 것이다.
2. 호랑이 사냥은 금지해도 계속 행해질 것이다.
3. 호랑이 가죽은 앞으로 더 비싸질 것이다.
4. 호랑이 사냥을 법으로 완전히 막기는 어려울 것이다.

여러분 어때요? 어떤 예측들을 해 보았는지요? 이 밖에도 앞의 글을 바탕으로 해서 많은 예측을 해 볼 수 있을 것입니다. 예측을 할 때는 주어진 글의 내용 이외에도 이 글의 내용과 관련된 여러분 각자의 상식이나 지식을 마음껏 동원할 필요가 있습니다.

 **호랑이에 관한 속담과 연결지어 보기**

• 우리 옛 속담에 '호랑이는 죽어서 가죽을 남기고, 사람은 죽어서 이름을 남긴다.'는 속담이 있습니다.

앞의 글에 나오는 구체적인 사실을 잘 이용하여, 이 속담에서 말하는 '호랑이는 가죽을 남긴다.'는 말을 더 실감나게 설명해 봅시다.

딱정벌레는 동물 중의 천하장사

　이 세상에서 가장 힘센 동물은 무엇일까? 기네스 북에 올라 있는 동물 천하장사는 '무소 딱정벌레'이다. 놀랍게도 자기 몸무게의 850배를 들 수 있다고 한다. 과학 전문지의 최근 보도에 따르면, 미국 캘리포니아 대학 버클리 캠퍼스의 생리학자 크램 교수는 기네스 북의 이러한 기록에 의심을 품고 직접 실험을 했다. 그는 무소 딱정벌레 등 위에 스펀지와 길쭉한 납띠를 붙인 뒤 역기처럼 납덩이를 올려 놓고 무소 딱정벌레의 행동을 관찰했다.

　실험 결과, 무소 딱정벌레가 들어올린 무게는 무려 300g. 기네스 북의 기록에는 미치지 못했지만, 자기 몸무게의 100배까지 들어올릴 수 있었다. 몸무게의 40배를 등에 지고는 10분간 돌아다녔다고 한다. 이러한 무소 딱정벌레의 힘을 환산하면, 68kg의 사람이 대형 승용차 한 대를 들고 1.6km를 걷는 것에 해당된다.

　무소 딱정벌레는 겉껍질이 매우 딱딱해 큰 무게를 버티기에 다른 힘이 들지 않는다고 크램 박사는 설명했다. 이 같은 연구 결과는 에너지가 많이 필요한, 관절이 많은 로봇이나 공장용 로봇을 만드는 데 쓰일 수 있을 것으로 전망되고 있다.

 **힘이 세다는 것은 무얼 말하나?**

• 우리는 그냥 '힘이 세다.' 라고 말하지만, 힘이 센지 약한지를 따지는 기준은 여러 가지가 있습니다. 그 기준들을 말해 봅시다.

→ 1. 싸움을 잘 한다.
   2. 멀리 달릴 수 있다.
   3. 자기 몸무게에 비해 몇 배의 무게를 들 수 있다.

그렇습니다. 힘세기를 따지는 기준은 이처럼 여러 가지가 있습니다. 이 이야기에서는 3번의 기준을 힘세기의 기준으로 보고 있다는 것도 잘 이해해 두도록 합시다.

 **무엇과 무엇을 비교하였나?**

• 딱정벌레의 힘이 무조건 세다는 주장을 하고 있습니까? 그렇지는 않습니다. 자기 몸무게에 비해서, 힘을 많이 쓸 수 있는 동물이 무엇이냐 하는 것입니다. 이 글에서는 딱정벌레의 힘쓰기를 무엇과 비교하고 있습니까? 맞추어 보세요.

→ 사람과 비교하여 이해하기 쉽게 설명하고 있다.

 **딱정벌레에서 무슨 아이디어를 얻는다고?**

• '에너지가 넘치면서 관절이 많은 로봇'을 만드는 아이디어를 딱정벌레에서 얻는다고 합니다. 그렇다면 게와 같은 동물에서 아이디어를 얻어 개발한 기계에는 어떤 것이 있을까요?

→ _____

원자력 발전소의 사고, 얼마나 무서운가

 1986년 4월 26일 새벽, 소련의 체르노빌 시에 있는 원자력 발전소에는 초비상이 걸렸다. 안전 장치를 제대로 가동시키지 않은 채 발전소 설비를 점검하던 중 뜻하지 않은 사고로 원자로의 온도가 급상승하기 시작한 것이었다.

 발전소 직원들은 어떻게든 온도를 낮춰 보려고 했지만 역부족이었다.

 결국 원자로는 두 번의 폭발을 일으켰고, 허술한 원자로 건물의 지붕까지 날려 보냈다. 현장에 있던 발전소 직원 31명이 즉사했음은 물론이다.

 피해는 여기서 그치지 않았다. 폭발과 함께 치솟은 불길로 현장 접근이 힘든 가운데, 원자로에서 나온 방사능이 구름을 만들며 계속해서 하늘 높이 퍼져 나간 것이다. 주변은 빠른 속도로 방사능에 오염되어 갔다.

 그러나 소련은 사건이 일어나자 우선 감추기에 급급했다. 방사능에 노출되면 어떤 피해를 당할지 모르는 인근 주민들에게 진실을 가르쳐 주지 않았을 뿐만 아니라, 대피 명령도 즉각 내리지 않았다.

 체르노빌 사고가 가져온 결과는 너무도 비참했다. 서울보다 더 넓은, 반지름 30km의 지역이 심각한 방사능 오염 때문에 지금까지 '제한 지역'으로 남아 있으며, 40만 명 이상의 이재민이 발생했다.

◀ 체르노빌 원전 사고의 희생자 기형 어린이 카샤 양
〈사진 자료 연합 통신〉

 더욱 가슴아픈 것은 방사능 때문에 갖가지 유전병 환자가 발생했다는 것이다. 머리가 두 개인 망아지, 팔다리 없이 태어난 아기 등…….
 인근 지역에서의 어린이 갑상선암 환자 수는 영국 등에 비해 무려 200배나 높게 나타났다.

 **핵발전소 사고 내용 이해하기**

• 핵발전소가 폭발하거나 불이 난다는 것은 어마어마하게 무서운 일이군요? 문제는 원자로의 안전에 틈이 생기는 것이란 것도 알았어요. 원자로가 무엇이냐구요? 핵발전의 원료가 되는 우라늄이나 플루토늄이 처리되는 장소지요.

자, 그러면 다음 물음들을 잘 생각해서 답해 보세요.

⋯▶ 1. 핵발전소 폭발의 가장 큰 위험은 무엇입니까?
　_____

2. 핵발전소 사고 때, 방사능으로 인한 피해를 세 가지 이상 제시해 봅시다.
① 갖가지 유전병 환자 발생
② 기형아 출생
③ _____

3. 앞 글의 내용으로 미루어 보아, 만약 핵발전소에 화재가 나거나 사고가 생겼을 경우, 가장 먼저 시급하게 조치를 취해야 할 일이 무엇이라고 생각합니까?
　_____

 **그렇다면 핵발전소 건설 때 가장 유의할 점은?**

• 만약 여러분이 우리 나라 핵발전소(원자력 발전소라고도 함)를 건설하는 책임자라고 한다면, 핵발전소를 건설할 때 가장 유의해야 할 점이 무엇인지 생각해 봅시다.

⋯▶ _____

생각을 주물러야 논술을 정복한다

우주 생활 오래 하면 인간의 몸은 어떻게 되나?

　우주 생활을 오래 하게 되면 우리 몸에는 어떤 변화가 생길까? 우주 생활이 지구 생활과 다른 원인 가운데 가장 큰 것은 무중력 상태이다. 텔레비전에서 본 것처럼 우주 비행사들은 중력이 없기 때문에 우주선 안에서 둥실둥실 떠다니게 된다. 그리고 이런 상태가 오래 되면 사람의 몸은 여러 가지 영향을 받는다는 것이 지금까지의 연구 결과로 밝혀지고 있다.
　만약 이런 무중력 상태가 오래 계속되면 뼈가 약해져서 쉽게 부러지게 된다. 즉, 지구에서와는 달리 우주에서는 중력이 없어 무거운 몸을 지탱할 필요가 없으므로 뼛속으로부터 칼슘이 빠져 나가기 때문이다.

이런 현상을 '탈회'라고 하는데, 병실에 오래 누워 있는 환자에게서도 가끔 관찰된다.

다음으로는 근육이 약해진다. 무중력 상태에서는 걸어다니건, 물건을 들어올리건 힘을 쓸 필요가 거의 없다. 이렇게 근육을 쓸 필요가 없어지므로 근육도 당연히 약해진다. 그래서 우주인들은 의무적으로 우주선 안에서 운동 기구로 운동을 하도록 일과가 짜여져 있다. 또 혈액의 양도 줄어든다. 무중력 상태에서는 혈액도 무게가 가벼워져(발 부분의 혈압은 머리 부분의 혈압보다 수은주로 90mm정도 높아진다) 몸의 상반신, 즉 머리 쪽에 더 많은 피가 공급된 것같이 느껴진다. 그 결과, 몸은 혈액량이 늘었다고 착각을 해서 혈액량을 줄이게 된다. 또, 심장의 부담도 줄어들어 심장 기능도 약해지게 된다.

 무중력 상태란 무엇인가?

• 이 글에서는 무중력 상태를 이렇게 설명하고 있군요.
'우주 비행사들은 중력이 없기 때문에 우주선 안에서 둥실둥실 떠다니게 된다. 이것이 무중력 상태이다.'
대충은 알겠는데 정확히 이해하기는 어렵죠? 다음 설명을 참고로 '무중력 상태'를 설명해 봅시다.

〈지구 중력에 대한 설명〉
지구 위에 있는 모든 물체는 지구 중심에서 잡아당기는 힘을 받는데, 이렇게 지구 중심에서 잡아당기는 힘을 '중력'이라고 한다. 모든 물체는 지구 중심에서 잡아당기는 힘(즉, 중력) 때문에 무게를 지니게 된다.
지구의 중력이 미치지 아니하는 우주 공간에 나가게 되면 이러한 중력은 작용하지 않게 된다. 즉, 우주에서는 물질의 무게라는 것이 없어지는 것이다.

 무중력 상태를 극복하기 위한 방안은?

• 어쩌다 잠깐 겪는 것이라면 모르겠지만, 오래 무중력 상태로 지내기는 불편한 점이 많군요. 더구나 인체에 나쁜 영향들을 준다니 문제예요. 그렇다면 이 무중력 상태를 극복하는 무슨 좋은 방책은 없을까요? 과학자들이 열심히 연구하겠지만 여러분도 머리를 짜내어 상상해 보세요.

⋯▶ 미래의 우주 정거장에서는 정거장을 회전시켜 인공으로 중력을 만들어 낼 것이라고 한다. 그래도 지구의 중력과 같은 것을 만들기는 어려울 것이다. 우주 여행을 위해서는 지구와 같은 정도의 인공 중력을 만들 필요가 있다. 우주 정거장이란 바로 인공 중력이 있는 곳을 말한다.

개는 자기의 텃세 구역을 어떻게 정하나?

어느 동물이나 세력 구역(텃세 지역)이란 것을 갖고 있다. 예를 들어 멧새라는 작은 새는 수컷이 약 1만m^2의 범위를 텃세 지역으로 삼고 그 지역을 방위하고 있다고 한다. 만약 이 영역에 다른 새가 접근해 오면 멧새는 부지런히 지저귀어 자신의 존재를 알리고 상대방을 내쫓는다고 한다.

또, 개의 경우도 마찬가지이다. 개의 경우에는 이곳 저곳을 한 바퀴 돌면서 전봇대나 담벽 등에 오줌을 누어 자신의 세력권을 표시해 둔다. 오줌을 누는 이유는 오줌 냄새를 남김으로써 다른 개에게 자신의 존재를 알리고 세력 영역 안으로 들어오지 말라는 경고를 주는 셈이다(개의 냄새 감각은 사람보다 수만 배 예민하다).

이렇게 텃세 영역을 정하는 이유는 첫째, 먹을 것을 확보하기 위해서이다. 새의 경우, 세력 범위 안에 있는 벌레나 꽃 등을 다른 새가 와서 건드리지 못하게 한다. 둘째 이유는 배우자나 새끼 이외의 다른 동물로부터 침입을 막아 가족의 안식처를 보호하기 위해서이다. 따라서 아무리 강한 적이 나타나도 이 세력권을 지키기 위해 좀처럼 물러서지 않고 악착같이 필사적인 전투 자세를 취한다고 한다.

개의 경우, 이 세력 범위는 원형이나 사각형을 이루는 4~5군데의 나무나 담벽 등에 오줌으로 표시해 남겨 둔다고 한다.

이 때, 개는 되도록 높은 곳에 오줌을 묻혀 놓기 위해 한쪽 다리를 높이 쳐들고 오줌을 누는데, 이것은 낮은 장소에 오줌을 묻혀 놓으면 다른 개가 쉽게 그 냄새를 지울 수 있기 때문이다. 높은 곳에 묻혀 놓은 오줌은 더 큰 다른 개에 의해서는 없어질 수 있지만, 크기가 같거나 작은 개에 대해서는 충분히 위력을 뽐낼 수 있다.

이렇듯 고생해서 표시해 둔 세력권 안에 다른 개가 침입해 들어오면 그 개는 상대방에게 물러나도록 위협하게 되는 것이다.

 텃세 구역이란 무슨 뜻인가?

• 다음 말들을 잘 이해한 다음에 '텃세 구역'이란 말을 확실하게 정리해 보도록 합시다.

터 : 일이 이루어지는 밑자리.
텃세 : 먼저 자리(터)를 잡은 사람이 뒤에 들어오는 사람을 업신여기는 짓.

〈예문〉 한두 달 먼저 왔다고 텃세가 심하다.

텃세 구역: 어떤 동물의 개체나 무리가 일정한 생활 공간을 차지한 다음, 다른 개체나 무리가 접근하거나 침입하지 못하도록 특이한 행동을 보여서 스스로를 지키는 생활 구역.

 텃세 구역을 정하는 이유?

• 동물들은 누구나 텃세 구역을 정하고 사는 듯합니다. 텃세 구역을 정하는 이유가 무엇이라고 했습니까? 주어진 글을 잘 읽어 보면 해답이 몽땅 나와 있습니다. 잘 요약해서 써 보세요.

⋯▶ 1. 먹을 것을 확보하기 위해서
    2. 다른 동물의 침입을 막기 위해서

 **여기저기에 텃세 구역이 있네!**

• 텃세 구역이 겹쳐지면 어떤 현상이 일어나게 될까요?

　먹이 확보가 안 되겠죠? 가족의 보호도 불가능하게 되지요? 아주 중대한 문제가 생기는군요.

　자, 여러분의 상상력과 사고력을 발휘해서 의견을 적어 보세요. 이전에 보았던 '동물의 세계' 같은 프로그램에서 얻은 지식을 활용해도 좋습니다.

⋯▶ _____
_____
_____

• 짐승들만 텃세 구역이 있는 것일까? 사람 세계에는 텃세 구역이란 것이 없을까? 아! 고것 참 아주 재미있는 생각거리네요.

　한 곳에 오래 터를 잡고 사는 사람들이 다른 곳에서 자기네 터로 들어오려는 움직임이 있으면 어떻게 하나요? 또, 다른 지역으로 옮아가서 살기가 어려운 이유는 무엇일까요? 사람들의 텃세 구역, 과연 있을까? 없을까?

⋯▶ _____
_____
_____

여러분, 지금까지 우리는 내버려 두었던 우리의 머리를 갈고 닦는 '머리쓰기' 훈련을 해 보았습니다. 무슨 이야기든지 그냥 지나치지 말고, 그 속에 들어 있는 많은 생각할 거리들을 꺼내어, 이리 굴려서도 생각해 보고 저리 굴려서도 생각해 보는 연습을 해 온 것입니다.

생각의 기술을 익히고 가는 정거장

이제는 생각의 기술을 세련되게 다듬어 나가는 연습을 하려고 합니다. 즉, 산만한 내용을 산뜻하게 담아 내고 조리 있게 정리하는 요령을 배우려고 합니다. 생각의 틀과 기술을 익혀 나가는 것이지요. 우리의 생각하는 능력을 더 논리적이고 한층 짜임새 있게 해 줄 것입니다.

이러한 연습은 모두 여러분의 논술 글쓰기 능력을 갈고 닦아 나가는 데 큰 도움이 될 것입니다. 생각의 틀과 생각의 기술을 익히기 위해서 우리는 모두 여섯 개의 생각의 정거장을 지나가게 될 것입니다.

그것은 사실의 세계, 느낌의 세계, 분류의 세계, 비교의 세계, 분석의 세계, 추리의 세계 등으로 된 정거장들입니다. 잘 따라오도록 하세요.

원리 설명
'사실'이란 무엇인가요?

　'사실'이란 실제로 있는 일, 또는 실제로 있었던 일을 말합니다. 예를 들어 우리가 눈으로 직접 본 일은 가장 확실한 사실에 속한다고 할 수 있습니다. 그러니까 오늘 아침 학교에 오다가 불자동차가 달려가는 것을 보았을 경우, '오늘 아침 학교 근처에서 불자동차가 달려갔다.'는 것은 사실에 속하는 것이지요.

　그런데 '사실'은 눈으로 본 것으로만 확인되는 것은 아닙니다. 남에게 들은 내용도 사실이 될 수 있고, 우리가 책에서 읽은 내용도 사실이 될 수 있으며, 공부 시간에 선생님께서 가르쳐 주신 여러 가지 지식도 사실에 속할 수 있습니다.

〈 직접 본 일이 바로 '사실'에 해당한다 〉

〈 읽거나 듣거나 배운 내용도 '사실'에 해당한다 〉

'사실의 세계'를 분명히 이해하기 위해서는 사실의 세계를 사실의 세계가 아닌 것과 비교해 보는 방법이 있습니다. '사실의 세계'와 반대가 되는 세계는 꾸미거나 상상해서 만들어 내는 세계입니다. 그러나 꾸미거나 상상하는 일도 일단은 '사실의 세계'에서 출발하는 것이랍니다.

사실을 많이 아는 것이 왜 중요할까요?

1. 생각하는 힘은 사실에서부터 출발한다. 보고, 듣고, 읽고, 배운 모든 사실들이 우리의 사고를 풍부하게 만든다.

- 여러 가지 사실들을 알아 두면 어떤 점이 좋습니까?

2. 사실을 많이 알아 두면 사물을 설명하는 힘이 강해진다.

- 세종 대왕을 설명하려고 할 때 여러분은 어떤 사실들을 머릿속에 떠올립니까?
- 대기 오염을 설명하려고 할 때는 어떤 사실들을 머릿속에 떠올립니까?

3. 유익한 사실들을 많이 기억해 두면 글을 읽고 이해하는 힘(독해력)이 저절로 늘어난다.

시범활동 선생님의 시범—사실과 사실 아닌 것 찾아 내기

누구나가 모두 다 확인하고 인정할 수 있도록, 어떤 일이 실제로 있는 것이 '사실'이 됩니다. 사실 아닌 것을 가지고 그것을 바탕으로 해서 조리 있는 생각을 펼쳐 나가기는 어렵다고 선생님께서는 말씀하셨습니다. 무엇이 실제로 있었던 일이고, 무엇이 실제로 있었던 일이 아닌지를 잘 구분해야만 논리가 살아 있는 글을 쓸 수 있다는 것입니다.

선생님께서는 다음 열 가지 사항들을 사실에 해당되는 것과 사실에 해당될 수 없는 것으로 나누어 보도록 했습니다.

1) 아침에 우는 새는 짝이 그리워서 우는 새다.
2) 온대 지역은 여름에는 날씨가 덥고, 반대로 겨울에는 날씨가 춥다.
3) 환경 오염을 막기 위해 공장 폐수를 함부로 버려서는 안 된다.
4) 세종 대왕은 훈민정음 창제를 위해 노력하신 분이다.
5) 지구는 둥글다.
6) 선생님은 갑자기 슬픈 생각이 나신 듯했다.
7) 나는 오늘 아침 7시에 일어났다.
8) 고려가 망하고 조선이 건국되었다.
9) 은구슬이 달린 듯 이슬이 맺혀 있다.
10) 산은 마치 인자한 아버지의 모습처럼 내게 다가왔다.

설명 실제로 있었던 사실을 나타낸 것 : 2) 4) 5) 7) 8)
　　　주관적 느낌을 나타낸 것 : 1) 6) 9) 10)
　　　사실도 아니고 느낌도 아닌 주장을 나타낸 것(그러나 여기에는 '사실'이 바탕이 되어 있다) : 3)

아버지의 시범-잘못된 사실 찾아 내기

선생님의 시범을 통해서 '사실'과 '느낌'의 구분, '사실'과 '판단'의 구분을 분명히 할 수 있어야 된다는 것을 알았습니다. 사실처럼 보이지만 사실 아닌 것으로는 개인의 주관적 느낌이나 주장 등과 같은 것이 있다는 것입니다.

아버지께서는 '사실'을 파악하는 데는 중요한 것이 하나 더 있다고 하셨습니다. 틀린 내용으로 된 사실은 사실이 아니라는 점을 강조하셨습니다. 그러면서 다음 항목들을 맞는 사실과 틀린 사실로 구분해 보라고 하셨습니다.

1) 대추는 봄에 수확하는 과일이다.
2) 인도 사람들은 거의 대부분이 불교를 믿는다.
3) 사자는 호랑이와 싸워서 이긴다.
4) 지방질 음식은 건강에 해롭다.
5) 한강은 우리 나라에서 가장 맑고 아름다운 강이다.
6) 우리 나라의 연평균 강우량은 2,000mm 내외이다.

설명 위의 여섯 가지 내용은 모두 틀린 사실들이거나, 그 내용이 정말 그러한지가 분명하지 않은 것들입니다.

맞는 사실인지 틀린 사실인지를 구분하는 힘이 논술쓰기에서는 아주 중요한 기초가 되는 것이랍니다. 틀린 사실을 기초로 자기의 견해나 주장을 펴는 논술을 썼다면, 이미 그 논술 자체가 틀린 내용의 글이 되는 것이지요.

논식이의 시범 – 나에 관한 사실 찾기

이번에는 논식이가 '사실'에 관한 시범을 하나 보이기로 했습니다. 즉, 논식이가 자기 자신과 관련되는 아주 구체적인 사실을 실제로 찾아보기로 하는 것입니다.

좀 단순한 것 같지만, 이런 과정을 겪으면서 생각하는 능력과 표현하는 능력이 점차 발전하는 것이랍니다.

'사실'을 '정보'라는 말로 부르기도 합니다. 그러니까 달리 말하면 논식이는 자기 자신에 관해서 누구나 다 인정할 수 있는 객관적 정보를 찾는 것입니다. 그것은 다음과 같습니다.

1) 나는 1984년 11월 29일에 태어났다.
2) 나는 대한민국 서울 서초구에 살고 있다.
3) 부모님이 계시며 여동생이 하나 있다.
4) 나는 컴퓨터에 관심이 많다.
5) 집과 학교 간의 거리는 약 1km이다.
6) 방과 후에 과외 학원을 다니고 있다.

설명 매우 평범한 사실들이지요? 아마 여러분도 자신에 대해서 이 정도의 사실적 설명은 충분히 할 수 있을 것입니다. 충실한 사고력을 기르고 좋은 논술을 하기 위한 기본 재료는 바로 이런 '사실'들입니다. '사실'들이 있어야 비로소 생각이 일어나고 논술이 출발하는 것이랍니다.

삼촌의 시범 – 교통 질서 문란 사실 찾기

대학원에 다니시는 삼촌은 논식이의 글쓰기에 유달리 관심이 많습니다. 논식이가 자기 자신에 관한 사실들을 적어 둔 것을 들여다보시더니 이렇게 말씀하십니다.

"야 논식아, 내가 퀴즈 하나 내어 볼까. '사실 찾아 내기'를 전문으로 하는 사람을 꼽는다면 누구일까?"

"글쎄요, 삼촌. 뭐 그런 걸 하는데도 전문가가 해야 되는 것인가요? 누구나가 다 하는 거 아니에요?"

"아니야. 신문사나 방송국의 기자들이 바로 사실을 찾아 밤낮없이 뛰는 사람들이라고 할 수 있지."

"아, 그렇구나. 말 되네."

"논식이 네가 교통 질서 문란을 취재하는 기자라고 생각해. 네가 찾아 낸 그 사실들이 기사의 재료가 되는 거 아니니?"

이렇게 해서 삼촌과 논식이가 찾아 내어 본 교통 질서 문란 사실들은 다음과 같습니다.

> **교통 질서 문란 사실 찾기**
> 1. 차선을 지키지 아니한다.
> 2. 신호등을 지키지 아니한다.
> 3. 과속으로 달린다.
> 4. 차 밖으로 담배꽁초를 버린다.
> 5. 정해진 장소에 주정차하지 아니한다.
> 6. 다른 차선에 얌체처럼 끼여든다.
> 7. 정해진 횡단 보도로 건너지 않고 무단 횡단한다.
> 8. 차례대로 줄을 서지 않고 승차한다.
> 9. 길에서 위험한 공놀이 등을 한다.

기초 문제1 다음 중 사실을 표현하고 있는 것과 느낌을 표현하고 있는 것을 구분해 보세요.

1) 한 노인이 뜰에다 사과나무 묘목을 심고 있다.
2) 지난해 우리 나라는 경제가 성장하여 1인당 국민 소득이 1만 달러를 넘어섰다.
3) 그의 힘찬 주장에서 나는 그가 얼마나 나라를 사랑하는지 알 수 있었고, 우리 나라를 위해 땀 흘려 노력해야 한다는 것을 느꼈다.
4) 대자대비한 석굴암 부처님의 모습은 한없이 인자하여 누구에게나 큰 위안감을 주는 듯했다.
5) 백두산 천지 속에는 큰 용이 살고 있다는 이야기가 전해져 오고 있다.
6) 내가 좋아하는 과일은 수박이다.
7) 저 달도 내 마음같이 고향 생각에 빠져 있다.

1. 사실과 느낌을 구분하는 기준은 무엇일까요?

사실은 누구나에 의해서 공통으로 확인될 수 있는 그런 일을 말합니다. 그러니까 이미 일어났던 일로서, 보고, 듣고, 읽고, 배웠던 내용 그 자체는 모두 '사실'에 해당하는 것입니다.

이렇게 보면 1) 2) 5) 6)이 사실에 해당합니다.

1)번의 내용은 누구나 눈으로 보면서 확인할 수 있는 객관적 내용이기 때문에 사실에 해당합니다. 보는 사람의 주관적 감정이나 느낌이 전혀 들어 있지 않습니다.

2)번의 내용은 실제로 우리 나라 경제 발전의 내용을 그대로 적어 놓은 것입니다. 움직일 수 없는 사실입니다.

5)번이 좀 아리송하지요. 백두산 천지에 용이 살고 있다는 이야기가 진짜냐 가짜냐 하는 것이 중요하지는 않습니다. 그

런 이야기가 전해져 내려온다는 것이 사실에 해당하는 것이지요.

6)번도 엄연한 사실입니다. '내가 수박을 좋아한다.' 는 것은 다른 사람들이 객관적으로 확인할 수 있는 사실이기 때문입니다.

2. 느낌이란 것은 무엇일까요?

느낌은 느끼는 사람의 감정이나 기분에 따라 사물의 성격이나 인상이 달라지기 때문에 객관적이지 않습니다.

예를 들어서 '새가 숲 속에서 지저귀고 있다.' 는 사실에 속하는 것입니다. 그런데 만약 슬픈 일을 당한 사람이 그 새를 보고 '숲 속에서 새가 슬피 울고 있다.' 라고 표현했다면 이것은 느낌을 나타낸 것입니다.

또 기분 좋은 사람이 그 새를 보고 '숲 속에서 새가 즐겁게 노래한다.' 라고 표현했다면 마찬가지로 이것은 느낌을 나타낸 것입니다.

이렇게 보면 3) 4) 7)은 느낌에 해당합니다.

3)번은 '그의 힘찬 주장' 이 어떠하다는 것을 나타낸 표현입니다.

얼른 보면 '사실' 처럼 보이지만 표현하는 사람의 주관적 감정이 많이 들어가 있습니다. 다른 사람도 모두 꼭 이렇게 느끼라는 법은 없으니까요.

4)번도 불상을 보는 사람의 주관적 느낌을 나타낸 것입니다.

5)번은 달을 글쓴이의 감정 상태로만 표현한 것입니다.

기초 문제2 이제는 우리들의 생활과 경험 속에서 '사실'들을 추려 볼 수 있도록 해야 합니다. 무턱대고 '사실'들을 아무렇게나 늘어놓는 것보다는 어떤 생활 범위 내에서 (또는 어떤 경험 속에서) '사실'들을 찾아보는 것입니다.

다음에 지시하는 생활 범위 안에서 중요한 '사실'들을 찾아 내어 여러분이 쓰려고 하는 글쓰기의 자료로 삼아 보세요.

1. 오늘 있었던 사실들
2. 신문에 난 사실들
3. 오늘 사회 시간에 배운 사실들

1. 오늘 있었던 사실들 중 중요한 사실들만 찾아 내어 봅시다. 그 사실들에 대해서 글쓰는 사람의 느낌이나 판단 등을 잘 적어 놓아 봅시다. 그러면 그것은 아주 훌륭한 한 편의 일기가 될 것입니다. 자, 친구들의 노트를 볼까요?

논식이의 노트

① 할아버지가 갑자기 편찮으셨다.
② 새벽에 병원으로 가서 수술을 받으셨다.
③ 가족들이 오랫동안 수술실 밖에서 기다렸다.
④ 의사 선생님께서는 수술이 비교적 잘 되었다고 말했다.
⑤ 어머니가 병원에 가셔서 내가 아침 준비를 했다.

설명 일이 일어난 순서대로 사실들을 정리해 놓으니까 금방 사건의 분위기나 형편을 대충 짐작할 수 있게 되지요. 어떤 일의 과정이나 경과를 설명하려는 글을 적을 때는, 우선 중요한 사실들만 순서대로 정리해 두면 됩니다.

2. 기초 문제에서는 신문에 난 사실들을 찾아 내어 보라고 합니다.

그런데 내가 쓸 어떤 글의 자료로 삼을 수 있는 '사실'들을 찾아 내는 것이 중요합니다. 그러자면 그 수많은 신문 기사의 사실들 가운데 어떤 것으로 범위를 좁혀서 사실들을 뽑아 와야겠지요.

논순이는 신문에 난 사실 중에서 교통 사고에 관한 사실들만 모아 보기로 했습니다. 왜냐 하면 교통 사고를 예방하는 논술문을 쓰기 위한 기초 단계로 이런 사실들을 찾아 보기로 한 것이니까요. 이렇게 찾아보는 사실들은 논술문 쓰기의 재료, 즉 소재가 되는 것이기도 합니다.

자, 논순이의 노트를 볼까요?

논순이의 노트

① 우리 나라는 교통 사고로 일 년에 만 명 이상이 죽는다.
② 어린이나 노인들의 교통 사고가 많다.
③ 음주 운전을 하는 사람들이 늘어나고 있다.
④ 교통 규칙을 지키지 않는 운전자가 많다.
⑤ 우리의 교통 사고 발생률은 선진국의 3배 이상이다.
⑥ 교통 사고로 부모가 다 죽게 되어 소년 소녀 가장이 된 어린이들이 많다.

설명 교통 사고와 관계되는 사실들만 집중적으로 찾아서 정리해 놓은 것입니다. 이렇게 어떤 한 분야에 관련되는 사실들을 많이 수집해 놓게 되면, 그것만으로도 벌써 글쓰기는 반 이상 완성된 거나 다름없습니다.

3. 이번에는 오늘 사회 시간에 배운 사실들을 찾아보는 것이 문제이군요. 사회 시간에 배운 내용들의 대부분은 아마도 사실에 해당할 것입니다. 그러나 배운 내용 중에서도 사실보다는 판단에 가까운 것이 있을 것입니다. 그런 것을 혼동하지 말고 객관적 사실들만 추려 보기 바랍니다.

자, 논철이의 노트를 보기로 합시다.

논철이의 노트
① 생산에 필요한 세 가지 요소는 토지, 노동, 자본이다.
② 우리 나라는 에너지 자원이 부족하다.
③ 기업은 재화를 생산하여 이익을 추구하는 곳이다.
④ 돈을 벌기 위해서 우리는 근면한 생활을 해야 한다.
⑤ 은행은 고객이 맡긴 예금을 기업에 빌려 주기도 한다.
⑥ 기업에 이익이 남도록 하는 것을 경영이라 한다.

설명 논철이의 노트에 적힌 사실들은 물론 사회 시간에 배운 내용들입니다. 논철이가 뽑아 놓은 것들 중에 '사실'에 속하는 것으로 보기 어려운 것이 있습니까? 있다면 그 항목을 지적해 보세요. 그렇군요. 한 항목이 약간 이상하군요. ④번 항목이 바로 그렇습니다. '사실'이라기보다는 '판단'에 가까운 것이라고 할 수 있습니다.

자, 다음으로는 논철이가 뽑아 놓은 이 항목들이 얼마나 서로 연결이 잘 되는지 살펴봅시다. 주로 기업과 생산에 관한 내용들로 집중되어 있어서, 기업이 이익을 추구하자면 어떤 요인들이 있어야 하는지를 잘 알 수 있습니다.

기초 문제3 이번에는 어떤 일에 대해서 내가 아는 사실은 무엇이고, 내가 모르는 사실은 무엇인지를 한번 생각해 보기로 합시다. 사람들은 자기가 알고 있는 사실은 잘 정리하면서도 자기가 잘 모르고 있는 것들에 대해서는 정리하지 못하는 경향이 있습니다.

다음 항목들에 대해서 자기가 잘 알고 있는 사실에는 어떤 것들이 있고, 자기가 잘 모르고 있는 사실에는 어떤 것들이 있는지 생각해 봅시다.

1. 아버지에 대한 사실들
2. 국군에 대한 사실들
3. 우정에 대한 사실들

1. 모르는 것이 무엇인지를 정리할 수 있는 사람은 스스로의 힘으로 공부를 해 나갈 수 있는 사람입니다. 현명이의 답안을 들여다볼까요?

아버지에 대해 아는 사실들	아버지에 대해 모르는 사실들
① 아버지의 연세	① 학교 성적
② 아버지의 직업	② 아버지의 군대 시절
③ 아버지가 좋아하시는 음식	③ 아버지가 힘들어하실 때
④ 아버지가 태어나신 곳	④ 아버지의 결혼 기념일

설명 아주 잘 정리했습니다. '아버지에 대해서 모르는 사실들이 무엇이라는 것을 안다는 것'만으로 현명이는 아버지에 대해서 더 많은 것을 알 수 있는 충분한 가능성을 지니고 있습니다.

2. 국군에 대해서 우리는 어떤 사실을 잘 알고 어떤 사실을 잘 모릅니까? 길에서 보는 국군 아저씨, 텔레비전의 뉴스

화면에서도 항상 보는 국군의 모습, '우정의 무대' 프로그램에서는 마치 이웃집 아저씨처럼 만나게 되는 국군 아저씨들. 그런데 가만히 생각해 보면 모르는 것이 의외로 참 많다는 것을 알 수 있어요. 현명이의 답안을 볼까요?

국군에 대해 아는 사실들	국군에 대해 모르는 사실들
① 국군의 복장	① 국군의 최신 장비
② 국군의 계급	② 국군의 훈련 내용
③ 국군의 분류(육·해·공군)	③
④ 국군의 역할	④

설명 가령 '자랑스러운 우리의 국군'이라는 제목으로 글을 쓴다고 합시다. 국군에 관한 사실을 많이 아는 사람은 글쓰기가 훨씬 쉬울 것입니다. 또, 국군에 대해서 아는 사실이 없다 하더라도 자기가 모르는 사실들이 무엇인지를 정리할 수 있으면, 그것(즉 글감)을 조사해서 얼마든지 좋은 글을 쓸 수 있는 것입니다.

위 표에서 오른쪽의 빈 칸을 각자 채워 봅시다.

3. 이번에는 '우정에 대해서'라는 제목으로 글을 쓴다고 생각해 봅시다. 내가 우정에 대해서 아는 것이 무엇이고 모르는 것이 무엇인지를 생각해 봅시다. 그렇게 함으로써 글감이 보다 풍성해지는 것이랍니다. 현명이가 작성해 놓은 표에서 빈 칸을 여러분 각자가 채워 보세요.

우정에 대해 내가 아는 사실들	우정에 대해 내가 모르는 사실들
① 우정의 뜻	① 사람들의 우정에 대한 생각
② 훌륭한 우정을 보여 준 조상의 예	② 우정이 생기는 이유
③ 내가 우정을 가졌던 경험	③
④	④

발전활동

<발전활동1>

다음 논술에 등장하는 중요한 사실들을 찾아봅시다. 그리고 왜 그런 사실들을 글감으로 사용했는지 생각해 봅시다.

질서 선진국을 만들자

지난해 우리 나라 1인당 국민 소득(GNP)이 마침내 1만 달러를 넘어섰다. 발표대로라면 우리 국민 한 사람당 1년에 약 800만 원을 번 셈이다. 1인당 국민 소득 1만 달러면 선진국 수준이다. 경제가 발전해 모든 살림이 풍족해진다는 것은 좋은 일이다.

1945년 광복 후 지난 50년 간 우리는 가난에서 벗어나기 위해 몸부림쳤다. 너도 나도 피땀 흘려 열심히 일하고 앞뒤 가리지 않고 달렸다. 그 결과 50여 년 만에 1만 달러 시대라는 눈부신 성과를 거둔 것이다. 불과 10년, 20년 전보다 지금의 생활이 훨씬 윤택해졌음을 알 수 있다. 오늘날, 옷이 해질 때까지 입거나 신발이 떨어질 때까지 신는 사람은 거의 없다. 허기진 배를 채우기 위해 음식을 많이 먹겠다는 사람도 찾아보기 힘들다. 대신 맛있고 신선한 음식을 먹으려고 노력한다.

그러면, 과연 우리는 물질적인 풍요로움에 걸맞게 정신적으로 성숙했는가. 이 물음에 대한 대답은 매우 궁색해진다. 우리는 오로지 물질적으로 잘 살겠다는 데에만 매달린 나머지 정신적으로 성숙된 자세를 기르지 못했다. 아직까지 질서 의식은 후진국 수준이다. 남을 배려할 줄 모른다. 도서관에서 떠들거나 공중 질서를 안 지키는 학생들도 자주 눈에 띈다.

선진 사회란 물질적 풍요 속에서 타인과 더불어 행복하게 사는 사회를 말한다. 남을 생각하고 함께 살아가려고 하는 성숙된 국민 의식이 아직 우리 사회에는 부족하다. 이제 우리 국민도 선진 사회에 걸맞는 성숙한 시민의 자세를 가져야 하겠다. 물질과 정신의 풍요로움을 공유해야 진정한 선진국이 될 수 있을 것이다.

1. 이 논술의 요지는 물질적으로 잘 살게 된 만큼 정신적으로도 더욱 성숙해지자는 것이군요. 그 중에서도 질서 의식을 강조하고 있군요.
2. 우선 각 문단별로 주요 사실들을 찾아봅시다. 그리고 그런 사실들을 글감으로 동원한 이유를 생각해 봅시다.

제1문단

이 문단에 나타난 주요 사실들에는 어떤 것이 있습니까?	이 사실을 글감으로 동원한 목적(이유)은 무엇입니까?
지난해 우리 나라의 1인당 국민 소득이 1만 달러를 넘어섰다.	우리 나라가 그만큼 잘 살게 되었다는 것을 말하려고

제2문단

이 문단에 나타난 주요 사실들에는 어떤 것이 있습니까?	이 사실을 글감으로 동원한 목적(이유)은 무엇입니까?
1. 지난 50년 동안 우리는 가난에서 벗어나기 위해 몸부림쳤다. 2. 이제는 먹고 입는 것이 모자라서 헐벗고 굶주리는 사람은 거의 없다.	1. 가난에서 벗어나는 일에만 오로지 매달렸음을 말하려고 2. 이제 경제적으로 얼마만큼 여유가 있게 되었음을 말하려고

3. **제3문단**과 **제4문단**은 여러분 각자가 빈 칸을 채워 보세요.

	이 문단에 나타난 주요 사실들	이 사실을 글감으로 동원한 목적
3문단	1. 질서 의식은 후진국 수준이다. 2. 도서관에서 떠들고 공중 질서를 안 지키는 학생이 있다.	1. 물질에 비해 정신적 성숙이 미흡함을 말하려고 2. _____
4문단	1. _____ 2. 남과 함께 살아가려는 성숙된 국민 의식이 우리는 부족하다.	1. 선진 사회의 성격을 알려 주기 위해 2. _____

<발전활동2>

영희는 도서관에서 책을 뒤져 다음의 여러 사실들을 찾아내어 정리하였습니다. 이 사실들을 자료(글감)로 해서 한 편의 글을 쓰려고 합니다. 만약 여러분이라면 어떤 글을 쓸 수 있다고 생각합니까? 여러분 자신의 글쓰기 계획을 제출해 봅시다.

영희가 조사 · 정리한 사실들

1. 문화 체육부는 이 달의 인물로 서재필 선생을 선정하였다.
2. 서재필 선생은 '독립협회'와 '독립신문'을 만들었다.
3. 서재필 선생은 1864년 전남 보성에서 태어났다.
4. 서재필 선생은 1884년 갑신정변에 참여했다.
5. 갑신정변은 3일 만에 실패로 끝나고 서재필 선생은 역적으로 몰렸다.
6. 서재필 선생은 미국으로 망명해서 1892년 의사가 되었다.
7. 1894년 갑오개혁으로 역적의 누명을 벗은 서재필 선생은 1896년 조국으로 돌아왔다.
8. 사대주의 외교의 상징으로 되어 있던 모화관을 헐고 독립관으로 고쳐 짓고, 중국 사신을 맞이하던 영은문을 헐고 독립문을 세웠다.
9. 그 후 서재필 선생은 일제 시대에는 미국에서 독립 운동을 하였다.

1. 자, 영희가 수집한 이 사실들은 어떤 특색이 있습니까?

   모두 아홉 개의 사실들을 조사하여 수집했군요. 주로 서재필이라는 사람이 살면서 행했던 업적에서 사실들을 뽑아 왔습니다. 대체로 일이 일어났던 시간의 순서대로 사실들을 모았습니다. 그리고 우리 나라의 독립과 개화를 위해서 힘썼던 사실들이 중심을 이루고 있습니다.

2. 이 사실들을 글감으로 해서 한 편의 글을 쓰려고 합니다.

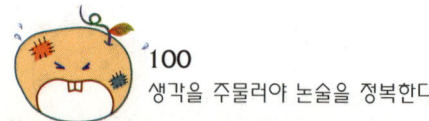

어떤 글을 쓸 수 있을 것 같습니까? 얼른 생각하기에는 서재필 선생의 일생을 소개하는 글을 쓸 수 있을 것이라 생각되는군요. 그렇습니다. 서재필의 전기를 쓰겠다는 마음을 먹은 사람이라면 반드시 이와 같은 전기적 사실들을 모을 수 있는 한 많이 모아야겠지요. 그리고 그 사실이 올바른 사실인지도 확인해야 할 것입니다.

자, 그러면 이 사실들을 글감으로 한 우리 친구들의 글쓰기 계획을 잠깐만 엿보기로 할까요?

◆ 논식이의 글쓰기 계획

"서재필은 왜 훌륭한 사람인가?" 나는 이런 제목으로 글을 쓰고 싶습니다. 뒤떨어진 나라를 개화하고, 나라의 독립을 얻기 위해 노력한 사실들을 잘 소개함으로써 서재필 선생이 훌륭한 분이라는 것을 밝히는 글을 써 보려고 합니다.

◆ 논순이의 글쓰기 계획

"서재필 선생에게서 우리가 배워야 할 점"이라는 제목으로 나는 글을 써 보려고 합니다. 그러기 위해서는 서재필 선생이 행한 사실들이 왜 우리에게도 중요한 가르침을 주는 사실인지를 잘 설명할 수 있어야 할 것입니다.

◆ 영희의 글쓰기 계획

나는 계획이 좀 다릅니다. 위의 사실을 가지고 서재필 선생에 대한 글을 쓰지 않고, 그 당시의 우리 나라가 처한 형편에 대해서 써 보려 합니다. 물론 위의 사실 외에 '갑신정변'이나 '갑오개혁'에 대한 것들을 더 조사해야겠지요. 글의 제목은 "서재필의 활동을 통해서 본 우리 나라의 형편"으로 생각해 보았습니다.

논술로 나아가기 — 혼자 해결하는 논제

다음 이야기는 '머리쓰기 훈련'에서 배웠던 이야기입니다. 이 이야기에 제목을 붙여 보세요. 그리고 이 이야기를 통해서 우리가 깨달아야 할 점을 논술해 보세요. (원고지 200자 정도의 분량)

> 무거운 짐을 진 장사꾼이 길을 걸어가고 있었습니다. 마침 그 옆을 마차가 지나가다가 그 장사꾼을 보았습니다. 마부가 딱하게 생각하여 마차를 세우고 말했습니다.
> "여보시오. 얼마나 힘이 드십니까? 이 마차에 타십시오."
> "고맙습니다."
> 장사꾼은 고맙다는 말을 몇 번이나 하고 마차에 탔습니다. 그런데 장사꾼은 등에 지고 있는 무거운 짐을 내려놓으려고 하지 않는 것이었습니다. 이상하게 생각한 마부가
> "짐을 내려놓으시오. 그렇게 지고 있으면 무겁지 않겠소?"
> 하고 말했습니다. 이 말을 들은 장사꾼은 미안스러워하면서 이렇게 대답하는 것이었습니다.
> "미안해서 그럽니다. 저를 태운 것만도 말에게는 큰 부담이 될 텐데 어떻게 짐까지 실을 수 있겠습니까?"

〈답안 작성〉

1. 이 글에 제목을 붙여 봅시다.

2. 이 이야기에서 우리가 깨달아야 할 점

함·께·생·각·하·는·논·제

　다음에 소개하는 사실들은 모두 우리 나라의 강우량 및 수(물)자원과 관련된 것들입니다. 이 사실들을 바탕으로 해서 '수자원 보호의 필요성과 방법'이라는 제목으로 글을 써 봅시다. 주어진 사실들을 잘 살펴보고 적절한 생각을 짜내어 봅시다.(원고지 400자 정도의 분량)

사실1··· 어떤 때는 비가 너무 많이 와서 홍수가 난다고 야단이고, 어떤 때는 가뭄이 계속되어 논밭은 물론 저수지 바닥까지 말라붙기도 한다.

사실2··· 우리 나라의 연평균 강우량은 1,159mm로, 전 국토에 내리는 빗물의 총량은 1,140억 톤이나 된다.

사실3··· 이 가운데 58%인 662억 톤의 물만이 댐에 가두어지거나 하천으로 흘러들어 농업이나 공업에 공급 가능한 양이고, 나머지 42%인 478억 톤은 증발되거나 땅 속에 스며들어 없어지고 만다.

사실4··· 공급 가능한 662억 톤 가운데 405억 톤은 7월에서 9월 사이의 장마철에 얻고, 나머지 257억 톤은 건조기에 내리는 비에서 얻고 있다.

사실5··· 662억 톤의 공급 가능한 물 가운데 우리가 실제로 이용하는 양은 약 4분의 1인 170억 톤뿐이다. 나머지 4분의 3은 안타깝게도 그냥 바다로 흘러들어가기 때문에 물이 모자란다.

 **착안점**

1. 위의 사실들을 보면, 실제로 내리는 비의 양이 절대적으로 모자라는 것이 아니라는 점을 알 수 있다.

2. 그런데도 〈사실1〉에 나타난 것처럼 우리는 물 부족과 홍수를 해마다 겪고 있다. 바로 이 점 때문에 '수자원 보호의 필요성과 방법'이 마련되어야 하는 것이다.

3. 수자원 보호의 필요성은 〈사실5〉에도 잘 나타나 있다.

4. 수자원 보호의 방법은 여러분이 머리를 좀 써야 한다. 과학 시간이나 사회 시간에 배운 지식들을 효과적으로 활용할 수 있도록 해 보자.

···잘·된·글

수자원 보호의 필요성과 방법

우리 나라는 실제로는 물이 부족한 것이 아니다. 내린 빗물을 적절히 가두어 두지 못하고, 아까운 물을 그냥 바다에 흘려 버리기 때문에 물이 모자라게 되는 것이다.

외국에서는 산악 지대 등에 수력 발전용 댐을 만드는 일 이외에 강의 입구나 해변, 평지 등에도 댐을 세운다고 한다. 그렇게 해서 바다로 흘러들어가는 물을 가두어 두려는 것이다.

'지하댐 건설'도 수자원을 확보하기 위한 방법의 하나로 쓰인다. 자원 탐사 위성으로 지하수가 바다로 흘러들어가는 땅 속 물길을 알아 낸 뒤, 지하에 벽(댐)을 쌓아 지하수가 바다로 흐르지 못하도록 물길을 막는 것이다.

자원 탐사 위성이 찍은 사진이나 그 밖에 항공 사진을 토대로 환경을 조사하면 우리도 대규모의 하구댐, 해변댐 등을 얼마든지 세울 수 있다고 한다. 그렇게만 된다면 가뭄이 들거나 장마가 진다고 해도, 물 걱정 없이 편안하게 살 수 있을 것이다.

 주어진 다섯 사실들을 잘 파악하여, 수자원 보호의 필요성을 첫 문단에서 밝혔다. 그리고 2, 3, 4문단에서는 수자원 보호의 방법에 대해서 썼다.
　이 글을 쓴 사람은 해박한 지식과 여러 사실들을 알고 있음으로 해서 그것을 글쓰기에 효과적으로 잘 동원하였다.

느낌의 세계

원리 설명

'느낌'이란 무엇인가요?

우리는 사물을 보고, 듣고, 만지고, 냄새 맡고, 맛보면서 그 사물의 미묘한 성질을 문득 마음으로 깨닫거나 은연중에 어떤 감정을 가지게 됩니다. 이것을 '느낌'이라고 합니다. 눈, 코, 귀 등 감각 기관을 가진 사람이라면 누구나 느낌은 다 가지게 되어 있습니다.

자, 다음 그림들을 보세요. 그리고 이 그림들을 보았을 때, 문득 마음에 와 닿는 어떤 느낌들이 있습니까? 만약에 그런 느낌이 있다면 서슴지 말고 표현해 보세요. 단 한 마디의 느낌이라도 좋습니다. 우선은 이렇게 느낌이 있다는 것을 확인하는 것이 중요합니다.

　그림을 보고 어떻게 여러분의 느낌을 나타내었습니까? 느낌을 길게 표현한 사람도 있고 아주 짧게 표현한 사람도 있을 것입니다.

　'느낌'이란 결국 우리들 마음 속에 있는 여러 가지 감정들을 바깥으로 드러내는 것이라고도 할 수 있습니다. 다정하고 예쁜 모습을 보았을 때는 즐겁고 따뜻한 감정이 솟아 나와 그것이 우리의 느낌으로 표현되는 것이랍니다.

느낌을 나타내는 것은 왜 중요할까요?

1. '사실'을 표현하는 힘은 머리로 기억하는 힘에서 오지만, '느낌'을 표현하는 힘은 마음 속의 감정을 언어로 드러내는 힘이다.

- 사실과 느낌은 어떤 차이가 있습니까?

2. 느낌을 통해서 사물의 직접 보이지 않는 성질을 섬세하게 표현할 수 있다.

- 사실보다는 느낌에 치중해서 병아리의 모습을 표현한 사람은 누구입니까?
- 영희는 노란 병아리에게서 받은 느낌을 어떻게 표현했습니까?
- 느낌을 사용하여 표현하면 어떤 이점이 있습니까?

3. 느낌을 잘 사용하면 현재의 상태나 정도를 더욱 자세하고 충실하게 전달할 수 있다.

- 느낌을 잘 살려서 자기의 아픈 처지를 설명하고 있는 사람은 누구입니까?
- 두 사람의 말만 들었을 때, 의사 선생님은 누구의 병세를 더 쉽게 파악할 수 있을까요?

4. 느낌의 표현을 통해 그때 그때 변해 가는 서로의 마음 속 감정을 잘 알게 해 준다.

- 인간의 생활에서는 사실이나 지식의 전달도 중요하지만 느낌의 전달도 중요합니다.
- 글쓰기에도 목적에 따라 느낌의 표현이 꼭 필요할 때가 있습니다.

시범활동 선생님의 시범—사물의 특징을 간단한 느낌으로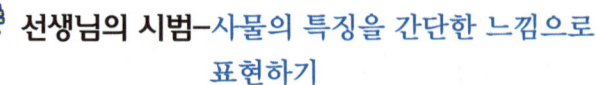
표현하기

느낌 표현을 시작해 봅시다. 선생님은 대상을 보자마자 또는 어떤 소리를 듣자마자 마음 속에 떠오르는 어떤 느낌을 자연스럽게 글로 옮겨 놓으면 된다고 하십니다. 그리고 그 느낌은 가급적이면 자기만이 독특하게 느끼는 참신한 느낌이 되도록 하라고 말씀하십니다.

자, 그러면 다음 그림들을 보고 여러분의 느낌을 아주 자연스럽게 표현해 보세요. 우선 한 문장으로 표현해 보고, 그 다음에는 두 문장 이상으로 표현해 보세요.

〈느낌 표현〉   〈느낌 표현〉

〈느낌 표현〉   〈느낌 표현〉

설명 '사실'을 기억하고 표현할 때는 모든 사람에게 같은 내용으로 나타나지만, '느낌'을 표현할 때는 반드시 그렇지는 않습니다. 마음 속에 떠오르는 감정과 인상이 사람마다 다 다를 수 있기 때문입니다. 남에게 큰 공감을 줄 수 있는 느낌이 바람직하겠지요.

그러면 선생님이 나타내 보이신 느낌을 잘 살펴보세요.

1. 해변의 모습을 보고는 이렇게 느낌을 표현했습니다.
   → "호젓한 나그네가 되어 저 해변을 끝없이 걸어가고 싶구나. 오로지 저 푸른 파도 소리만을 벗하며 걸어가리라."

설명 해변의 조용하고 아늑한 분위기에 끌려들어가는 느낌을 표현했지요. 해변 자체에 대한 느낌을 이야기했다기보다는 해변과 친해지고 싶은 마음 속의 감정을 이야기했습니다.

2. 아름다운 소녀의 인물상을 보고는 이런 느낌을 나타냈군요.
   → "부끄러움이 머물러 있는 듯한 눈동자가 아름답다. 뺨에 띤 붉은빛은 건강하고 밝은 인상을 준다."

설명 눈동자 속에 부끄러운 기색이 숨어 있다고 한 것이 바로 글쓴이의 느낌이랍니다. 붉은 뺨에서는 건강하고 밝은 분위기를 느낀다고 한 것도 재미있군요.

3. 기러기 떼 날아가는 모습에서는 이렇게 느낌을 나타냈군요.
   → "가을 하늘에 시옷 글자를 그리면서 날아가는 저 기러기. 어디 먼 북녘에서 고단하게 날아왔는가?"

설명 마치 기러기에게 말하듯이 느낌을 전달하고 있군요. 기러기의 행렬을 보면서 그 먼 거리를 날아온 것을 고단하다고 느끼고 있는 점이 재미있습니다.

4. 탑의 모습을 보고는 이렇게 느낌을 나타냈군요.
   → "비바람 맞고 오랜 세월을 지나온 탑은 굳게 입을 다물고 침묵으로 하늘을 향해 기원하는 듯 서 있다."

설명 탑을 마치 온갖 시련을 겪으면서도 꿋꿋이 희망을 품고 있는 사람으로 느낀 점이 돋보입니다.

아버지의 시범 – 느낌(감정)의 유형 찾아보기

아버지께서는 느낌이 어떤 것인지를 좀더 상세히 말씀해 주십니다. 느낌이란 것은 우리들 마음 속에 들어 있는 감정과 짝을 이루어 나타나는 것이라고 합니다. 아버지는 다음과 같은 감정들이 언어로 표현되는 경우를 그 예로 들어 주셨습니다. 잘 살펴봅시다.

1. 기쁨의 감정을 나타내는 느낌 표현
    ➡ 두둥실 춤이라도 추고 싶다. 마음 속이 뿌듯하다.
2. 슬픔의 감정을 나타내는 느낌 표현
    ➡ 마음이 아리고 나도 모르게 눈물이 흘러 나왔다.
3. 분노의 감정을 나타내는 느낌 표현
    ➡ 마음 속에서 불덩이 같은 것이 치밀어 올라왔다.
4. 즐거움의 감정을 나타내는 느낌 표현
    ➡ 강물도 숲의 나무들도 모두 나를 향해 웃는 것 같다.
5. 아름다움의 감정을 나타내는 느낌 표현
    ➡ 선녀의 미소처럼 은은하고 고상한 느낌이 들었다.
6. 사랑의 감정을 나타내는 느낌 표현
    ➡ 꼭 안고 쓰다듬어 주고 싶은 생각이 든다.
7. 미움의 감정을 나타내는 느낌 표현
    ➡ 생각조차 떠올리기 싫을 정도로 미웠다.
8. 아쉬움의 감정을 나타내는 느낌 표현
    ➡ 이제 헤어져야 한다고 생각하니 자꾸 가슴이 허전했다.
9. 만족의 감정을 나타내는 느낌 표현
    ➡ 온 세상을 다 차지한 듯 내 마음은 뿌듯했다.
10. 쓸쓸한 감정을 나타내는 느낌 표현
    ➡ 가을비에 지는 낙엽처럼 내 마음에도 낙엽이 진다.

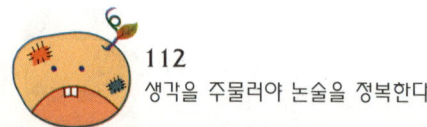

논식이의 시범 – 느낌을 동시로 표현해 보기

이번에는 논식이가 '느낌'에 관한 시범을 하나 보이기로 했습니다. 논식이는 느낌을 표현하는 가장 편리한 방법이 어떤 대상을 동시로 표현해 보는 것이라고 생각했습니다.

너무 멋있게 쓰려고 하지 말고 무엇보다도 부담 없이 자기 느낌을 드러내 보인다는 것이 중요하겠지요.

도시의 밤경치

어두운 밤이 되면
하늘엔 별이 총총 뜬다

하늘엔 별빛의 잔치
땅 위엔 전등불의 환성

불빛 하나하나가
별빛 하나하나가
반짝반짝 내기한다

아름다운 반짝임의 다툼 속으로
나의 마음은 정신 없이 빨려들어간다

설명 하늘의 별빛과 땅 위 도시의 불빛이 아름답게 어울려 서로 반짝거림을 다투는 듯한 장면을 여러 가지 느낌으로 보여 주고 있는 동시입니다. 별빛이 아름답게 빛나는 것을 '잔치'로 느끼고 있군요. 그런가 하면 도시의 야경 불빛들을 '환성'이라고 느끼고 있어요. 아름다움에 빠져드는 감정을 잘 표현하고 있는 시입니다.

삼촌의 시범 – 다른 사람의 글 속에서 훌륭한 '느낌' 찾기

지금까지의 시범 활동을 종합해서 삼촌께서는 '느낌' 표현이 잘 나타난 부분을 찾아보는 시범 과제를 주셨습니다.

"얘 논식아, 여기 초등 학교 어린이가 쓴 글이 있는데, 이 글 속에서 느낌이 아주 잘 표현된 곳을 두 군데만 뽑아 낼 수 있겠니?"

"어떤 표현이 잘 된 표현인데요?"

"응, 그거야 뭐 글 쓴 사람의 독창적인 느낌을 잘 나타내면서 남이 보기에도 공감이 가는 그런 표현이면 되겠지."

"독창적이면서도 공감이 갈 수 있는 표현이라. 그것 참 쉬운 것 같으면서도 만만치 않네요."

삼촌이 보여 주신 글은 다음과 같습니다.

치 과

치과에 가기로 엄마, 아빠와 약속한 날이다. 나는 엄마가 모는 차를 탔다. 일단 가족 모두가 치과 쪽으로 갔다. 아빠는 치과 앞이 사무실이어서 가셨고 엄마는 작은 이모댁, 나와 동생은 치과로 가는 것이다. 이윽고 치과에 도착했다.

한 발 한 발 걸을수록 내 마음은 두려움이 층을 쌓는 것 같았다. 층계 안은 마치 귀신의 집으로 들어가는 길 같았고 치과 안의 소파는 바늘 방석을 깔아 놓은 것 같았다.

난 마음을 조금이라도 안정되게 하고 싶어 조그마한 목소리로 노래를 부르기 시작했다. 그렇게 해 보아도 두려움은 내 가슴 속에 남아서 사라지지 않았다.

드디어 처녀 귀신 같은 간호사 언니가 "거기 이쁜 학생 들어와요." 하고 말하였다. 그 말이 나에게는 도깨비 소굴로 들어오

나는 뱀과 같았다. 난 마음이 쿵쾅거려서 발이 떨어지지 않았다. 의자에 앉았을 때에는 저절로 주먹이 쥐어졌고 손바닥에 땀이 고였다. 마취 주사를 놓으실 때에 나는 너무 따끔해서 그만 "악" 하고 소리를 질렀다. 그런 뒤에 이를 빼 주셨는데 정작 이를 뺄 때는 하나도 아프지 않았다.

올라올 때와는 달리 즐거운 마음으로 계단을 내려왔다. 집에 갈 때에는 도깨비집으로 가는 길 같지가 않고 꽃밭을 걷는 것 같았다. 나는 즐거운 마음으로 집으로 돌아왔다.

삼촌과 논식이 사이에 토론이 벌어졌습니다.
논식이는 느낌이 잘 표현된 곳을 골라 냈습니다.
"제가 생각하기에는 치과 병원 층계를 올라갈 때 무서워하는 느낌이 너무 잘 표현된 것 같아요. 그리고 한 군데 더 고르라면, 이를 빼고 무사히 집으로 돌아올 때의 안도하는 마음과 즐거운 느낌을 표현한 대목이 아주 인상적이에요."
"야, 어쩌면 너 나랑 생각이 그렇게 꼭 같을 수 있니? 논식이 글 보는 눈이 보통이 아닌데. 만약 이 학생이 그런 느낌을 세밀하게 표현하지 않고, 그냥 치과 병원을 무서운 마음으로 갔다가 잘 치료하고 즐겁게 돌아왔다고만 쓴다면 얼마나 싱겁고 재미 없는 글이 되겠니? 그런데 구체적으로 어떤 부분이 독창적인 느낌 표현이라고 생각되니?"
"한 발 걸을 때마다 두려움이 층을 쌓는 것 같았다는 대목, 치과 병원 안이 귀신의 집처럼 느껴졌다는 대목, 그리고 돌아올 때는 꽃밭을 걷는 것 같았다는 대목에서 표현이 아주 그럴듯했어요. 저도 지난번에 치과 병원 갈 때 그 비슷한 감정이었는데 이렇게 표현해 보지는 못했거든요."

기초 문제1 다음은 어린이들이 쓴 글의 한 대목 들입니다. 이 중에서 글 쓴 사람의 느낌이 가장 충실하게 표현된 부분을 골라 보세요.

1) 우리는 가재를 잡기 시작했다. 미끼를 나뭇가지에 끼워서 물에 담가 놓았다. 그러다가 가재가 집게발로 미끼를 물면 잡아 내었다. 그 때 나는 "아얏" 하고 소리를 질렀다. 왜냐 하면 가재가 집게발로 내 손가락을 물었기 때문이었다.

2) 아주 사소한 일로 친구 혜경이와 싸운 적이 있다. 나는 끝까지 사과를 하지 않겠다고 생각하고 또 생각했다. 그러나 난 내 마음 어느 한 구석이 텅 비어 있는 느낌을 받지 않을 수 없었다.

3) 오늘따라 학교 수업이 늦게 끝나서 학원 계단을 뛰어 올라가고 있었다. 그 때 파란색 지갑 하나가 내 눈에 띄었다. 무심코 주워 든 지갑 안에는 수첩과 동전이 많이 들어 있었다. "아니 이게 웬 떡이야."하며 콧노래를 부르며 수첩을 뒤적여 보았다.

4) 아빠가 병원에 입원하셨다. 무릎 뒤에 이상한 혹이 생겼기 때문이었다. 종합 검사만 해도 2주일이나 걸렸다. 나는 학교에서 집으로 돌아오는 길에 병원에 들르곤 했다. 오늘은 해질 무렵에 엄마가 준비하신 도시락을 가지고 가족이 모두 갔다. 병원 잔디밭에서 가족끼리 저녁을 먹으면서 나는 아빠에게 "힘내세요." 하고 격려를 해 드렸다.

1. 경험이나 사실을 적은 글에는 사건과 행동만이 나타나 있습니다. 느낌은 그 사건과 경험에 대해서 글쓴이의 감정과 마음이 움직인 것을 적어 놓은 것입니다. 위의 글들은 어떤 사건과 더불어 모두 조금씩은 느낌을 담고 있습니다.

2. 자, 하나하나씩 검토해 볼까요?

   1)번 글은 있었던 사건을 소개하는 글입니다. 가재에 물

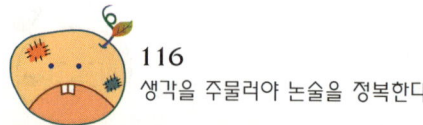

려 놀라는 느낌이 조금 나타나 있지만, 아주 약합니다.

  2)번 글은 친구와 싸운 뒤, 분한 감정과 친구를 만나지 못하는 허전한 감정을 표현하고 있는 글입니다. '마음 한 구석이 텅 비어 있다.'라는 표현이 바로 그렇습니다.

  3)번 글은 사건을 쓴 글입니다. 지갑을 주웠다는 데서 가벼운 흥분의 느낌이 나타나 있지만, 매우 약합니다.

  4)번 글은 아빠의 건강 회복을 비는 감정이 은연중에 담겨 있습니다. '힘내세요.' 하는 데서 바로 그런 느낌이 엿보입니다. 그러나 느낌보다는 사건을 알리는 데 초점이 주어진 글이라 할 수 있습니다.

> **기초 문제2** 여러분이 지금까지 살아오는 동안에 가장 슬펐던 일이 무엇입니까?
>   다음과 같은 제목으로 슬픔의 경험을 소개하고 그 때의 느낌을 글로 적어 보세요. 그리고 그 슬픔을 이기기 위해 어떤 마음을 가지고 있는지도 밝혀 보세요.
>   〈제목〉 가장 슬펐던 날의 마음과 지금의 마음

1. 슬픔의 경험은 사람마다 다 다릅니다. 그러나 일반적으로 사랑하는 가족을 잃게 되었을 때의 슬픔이 가장 큰 슬픔일 것입니다. 옛날부터 위대한 시인들은 슬픔의 감정이 가장 순수한 감정이라 했습니다. 슬픔의 느낌은 억지로 꾸며 낼 수 있는 느낌이 아니라는 것이지요. 그래서 너무 기교를 부리는 감정 표현은 오히려 바람직하지 않다고 합니다.

2. 다음에 소개하는 한 어린이의 글을 잘 읽어 보세요.

가장 슬펐던 날의 마음과 지금의 마음

행복하게 살던 우리 가정에 생각지 않던 불행이 닥쳤다. 오토바이 상점 문을 자주 닫으시고 술을 많이 드시던 우리 아버지께서 갑자기 돌아가셨다.

나를 가장 사랑해 주시고 귀여워해 주시던 아버지께서 돌아가시다니, 난 믿기지 않았지만 그건 사실이었다. 나는 갑자기 온몸에 힘이 빠져 나가는 듯한 느낌을 받았다. 너무 슬퍼서 아무 말도 나오지 않았다. 아버지와 자주 다투시던 어머니께서도 아버지의 장례식에서는 매우 슬피 우셨다. 우리 가족 모두가 슬피 울었다.

하지만 언제까지나 아버지를 잃은 슬픔에 젖어 있을 수만은 없었다. 그래서 우리 가족은 새 생활을 시작하기 위해 이 곳 서울로 이사를 왔다.

난 아버지를 생각하며 홀로 남은 어머니께라도 더욱 효도를 잘 해드리겠다고 다짐하였다.

이젠 내가 동생에게는 훌륭한 아버지나 형으로, 어머니께는 훌륭한 아들이 되기 위해 열심히 공부를 해야 했다.

하지만 동생이 가끔씩 내 말을 듣지 않을 때에는 무척 속상해서 아버지가 그리워질 때도 있었다. 그래서 어머니 몰래 눈물 흘린 적도 많았다.

설명 큰 슬픔을 겪었지만 그 느낌이 과장되지 않고 있는 그대로 전달되어서 오히려 읽는 사람으로 하여금 그 슬픔에 공감할 수 있게 합니다.

행동과 생각 속에 느낌이 녹아들어 있습니다.

> **기초 문제3** 다음과 같은 일을 겪을 때, 여러분의 느낌을 원고지에 100자 정도로 써 봅시다.
>
> 1. 집을 멀리 떠나 산에서 온 천지를 비추는 밝은 달을 바라볼 때
> 2. 도시 가스가 폭발하여 건물이 부서지고 많은 사람이 다치거나 죽은 사고 소식을 들었을 때

1. 달을 바라보고 느끼는 감정은 사람마다 다를 것입니다. 남의 느낌을 모방하지 말아야 합니다. 다음 두 사람의 느낌을 읽고 비교해 보세요.

- **논식이의 느낌**: 이 세상 모두를 비추는 달빛은 참 너그럽고 다정하다. 달빛 아래 대자연의 모습은 엄숙하기까지 하다. 달빛 속에 있는 모든 것이 아름답게만 보였다.
- **논순이의 느낌**: 도시의 집을 멀리 떠나와 달을 보니 문득 집 생각이 난다. 저 달도 지금 우리 집 아파트 창가를 비추고 있겠지. 이런 내 마음을 달님도 알았는지 나를 보고 빙그레 웃는 듯하다.

2. 무서운 사고에 대한 느낌도 단순히 무서움을 느끼는 데서부터 반성의 느낌에 이르기까지 매우 다양할 수 있습니다.

- **논식이의 느낌**: 사고 현장은 쓰레기장처럼 흐트러져 있었다. 사람들이 그렇게 많이 죽고 다쳤다니 놀랍고 무서웠다.
- **논순이의 느낌**: 나의 머리까지 뒤숭숭해지는 느낌이었다. 도대체 왜 이런 일이 자꾸만 일어난단 말인가. 안전을 무시하는 사람들이 너무 어리석다고 생각되었다.

기초 문제4 다음은 어떤 어린이가 쓴 '낙엽'이라는 시입니다. 이 시를 잘 읽고 다음 두 물음에 답해 보세요.
1. 이 어린이가 낙엽에 대해서 가지고 있는 느낌
2. 여러분이 이 시를 쓴 사람에 대해서 가지게 되는 감정

낙 엽

소곤소곤
창 밖에서
속삭이네

바람에 쫓기지 말고
함께 모여 살자고
속삭이네

윙윙
바람의 고함 소리에
이리 뛰고 저리 뛰고

나를 숨겨 달라고
창문을 두드린다

1. 낙엽을 불쌍하게 느끼는 마음이 있습니다. 바람에 쫓기고 휘몰리는 낙엽을 따뜻하게 보호하고 싶은 감정이 나타납니다.
2. 이해심 많고 사랑의 마음이 넘치는 그런 마음씨를 가진 사람으로 그려져 있지 않습니까? 이런 생각들을 원고지에 정리해 보세요.

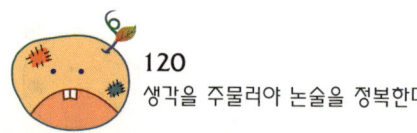

발전활동

<발전활동1>

다음 글을 잘 읽고 이 글에 나타나는 중요한 느낌들에는 어떤 것이 있는지 살펴봅시다.

새벽 시장

6시를 알리는 시계 소리가 오늘따라 더욱 시끄럽게만 느껴졌다. 귀찮은 마음에 시계를 던진 후 '더 자도 되겠지.' 하고 이불을 뒤집어썼다. 하지만 어느 새 엄마께서는
"현철아, 일어나. 빨리 시장 가자."
"엄마! 6시밖에 되지 않았어요. 혼자 가시면 안 돼요? 하암 -."
졸린 눈을 살짝 뜬 채 하품 섞인 말투로 엄마께 여쭈었다. 그러자 엄마께서는 이번만 같이 가자고 말씀하셨다. 역시 나는 마음이 약하고 여린가 보다.
"알겠어요. 갈게요."
"빨리 옷 입고 나오너라. 알았지?"
옷도 입는 둥 마는 둥 바지와 점퍼를 대충 걸치고 졸린 눈을 비비며 억지로 따라갔다. 하지만 쌀쌀한 날씨에 어느덧 졸음은 사라지고 재미있는 구경을 하게 되었다.
시장에 오니 이른 새벽인데 사람이 매우 많았다. 이렇게 부지런한 사람들이 있는데도 게으름피우며 오지 않겠다던 내가 부끄러워 고개가 저절로 숙여졌다. 시장은 역시 재미있는 일들이 많이 일어나는 삶의 현장이다. 날씨가 추운 탓인지 이상한 모자를 쓴 아주머니와 스티커가 틈없이 붙은 바지를 입고 양 손에는 배추를 들고 "싸요, 싸요. 한 포기 500원!" 하고 소리치는 아저씨를 보니 절로 웃음이 나왔다.
하지만 내게는 마음 속에서 우러나오는 후회가 더 컸다. 일어나기 싫어서 오지 않겠다던 내 자신이 부끄러웠고 우리를 위해서 일주일에 두 번씩 추운 날씨에도 시장에 가시는 어머니께 죄송하였다. 앞

> 으로는 엄마께서 해 주시는 음식을 투정 없이 맛있게 먹고 엄마를 더욱 도와 드려야겠다고 생각했다. 오늘 새벽 시장은 내게 많은 것을 가르쳐 주었고 기억 속에 영원히 남아 있을 것이다.

1. 먼저 이 글에 나타난 중요 느낌들을 순서대로 찾아 냅시다.
    1) 시계 소리가 시끄럽게 느껴졌다.
    2) 귀찮은 마음에 시계를 던진 후
    3) 역시 나는 마음이 약하고 여린가 보다.
    4) 이렇게 부지런한 사람들이 있는데도(있구나).
    5) 부끄러워 고개가 저절로 숙여졌다.
    6) 소리치는 아저씨를 보니 절로 웃음이 나왔다.
    7) 마음 속에서 우러나오는 후회가 더 컸다.
    8) 추운 날씨에도 시장에 가시는 어머니께 죄송하였다.
    9) 오늘 새벽 시장은 내게 많은 것을 가르쳐 주었고

2. 이 느낌들이 어떤 마음의 상태를 나타내는지 정리해 봅시다.
    1)의 느낌 ➡ 귀찮음(싫음)   2)의 느낌 ➡ 귀찮음
    3)의 느낌 ➡ 순종   4)의 느낌 ➡ 놀람 – 반성
    5)의 느낌 ➡ 반성   6)의 느낌 ➡ 즐거움
    7)의 느낌 ➡ 반성   8)의 느낌 ➡ 미안함 – 반성
    9)의 느낌 ➡ 깨달음

3. 이 글에 나타난 느낌은 성격상 크게 세 가지로 구분됩니다.
    첫째, 아침 일찍 일어나기 귀찮은 마음을 나타낸 느낌
    둘째, 활기찬 새벽 시장에서 경험하는 놀라움과 즐거움의 느낌
    셋째, 자신의 게으름을 돌아보고 어머니의 노고를 알게 되는
          반성과 깨달음의 느낌

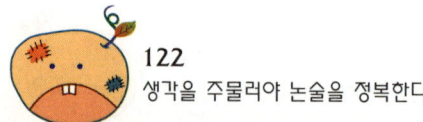

<발전활동2>
 자, 이번에는 초등 학교 3학년 어린이가 쓴 〈우리 집〉이라는 아주 간단한 글에 대해서 우리의 느낌을 쓰는 활동을 해 보기로 합시다.
 분명히 이야기하지만 '느낌'을 표현하는 데 중점을 두기 바랍니다.

우리 집

 우리 집은 믿음, 소망, 사랑의 가훈을 잘 실천해 나가는 집입니다. 웃어른이신 할머니를 중심으로 서로를 사랑하고 아껴 주는 화목한 기독교 가정입니다. 또 웃어른은 아랫사람을 사랑하고, 아랫사람은 웃어른께 효도하고 공경하는 효도 가정입니다.
 그리고 우리 가정은 여러 가지 동물을 기릅니다. 꽃사슴과 강아지를 비롯하여 닭과 오리 등 여러 가지 동물이 자라는 동물 농장이기도 합니다. 매일같이 달걀을 먹을 수 있으며, 강아지 복슬이와 즐겁게 놀기도 하고, 멋있는 뿔을 가진 사슴도 구경할 수 있어서 참 즐겁고 화목한 우리 집입니다.

 논식이와 논순이는 다음과 같은 느낌을 밝히고 있군요. 여러분의 것과 잘 비교해 보세요.

- **논식이의 느낌**: 이 집은 예절과 효도, 그리고 우애를 강조하는 집으로서 왠지 좀 엄할 것 같다는 느낌을 준다.

- **논순이의 느낌**: 동물 농장을 겸하고 있어서, 동물들 때문에 집이 좀 지저분할 것이라는 느낌이 든다.

논술로 나아가기   다음은 돌아가신 어머니를 그리워하며 쓴 소연이(합성 초등 학교 5학년)의 시입니다. 이 시에는 슬픔의 느낌(감정)이 가슴 뭉클하도록 담겨져 있습니다. 아마도 눈 오는 날에 쓴 시라는 생각이 듭니다. 잘 읽고 물음에 답해 보세요.

눈 오는 날 엄마 생각

하늘 나라에 계신
우리 엄마

내가 내가
보고 싶다고 울면

우는 내 마음
달래려고

하얀 눈 타고
내려옵니다

내가 내가
더 놀자고
엄마 옷 잡으면

엄마는 울며
물로 변해 버린다네

1. 이 시를 쓴 사람이 어떤 감정에 빠져 있다고 생각합니까?

   1) 이 시에 나타난 지은이가 빠져 있는 마음의 상태를 설명하는 글로 써 봅시다.(100자 정도)

   2) 그러한 감정이 강하게 나타난 부분을 찾아봅시다.
      ① 내가 내가 / 보고 싶다고 울면
      ②
      ③

2. 이 시를 읽을 때 여러분 각자는 어떤 느낌을 가지게 됩니까? 세 가지 정도로 간추려서 정리해 보세요.

   1) _____
   2) _____
   3) _____

   이렇게 자기 느낌을 정리해 두어야 좋은 글을 준비할 수 있는 것입니다. 자, 그러면 이쯤에서 친구들의 느낌이 궁금하군요. 이 문제에 대한 논식이의 느낌을 살짝 엿볼까요? 아! 이렇게 썼군요.

   ① 내 마음도 이 시를 쓴 사람의 마음처럼 슬퍼진다.
   ② 눈을 보고도 어머니로 생각하고 싶은 심정이니 얼마나 엄마가 보고 싶은 마음일까?
   ③ 내 어머니에 대한 소중한 마음이 새삼 느껴진다.

2. 이 시를 쓴 어린이에게 도움이 되는 말을 해 주고 싶습니다. 도움이 되는 생각을 잘 정리하여 한 편의 글로 다듬어 보세요.

1. 먼저 위로와 함께 자신의 느낌을 솔직하게 전하세요.
2. 이 친구에게 무슨 도움이 필요한지를 생각해 보세요.
3. 차분하고 설득력 있게 글을 써 보세요.

···잘·된·글

━━━━━ 하늘 나라의 엄마를 기쁘게 해 드리자 ━━━━━

　소연아, 너의 시를 읽고 얼마나 눈물이 나려고 했는지 몰라.
　엄마를 그리워하는 네 마음과 감정이 너무 절실하고 안타까워 정말 가슴이 아팠단다.
　아주 따뜻한 위로의 마음을 너에게 보내고 싶어.
　그러면서 또 한편으로는 이런 생각도 해 보았어. 소연이는 눈이 와도 엄마 생각, 비가 와도 엄마 생각, 해가 비쳐도 엄마 생각, 달을 봐도 엄마 생각만 하겠구나. 그럴 때마다 눈물이 흐르겠지. 울지 않는 시간이 없겠구나. 늘 슬픔의 어두운 그늘에서 벗어날 틈이 없지 않을까? 마음도 상하고 몸도 상하면 공부는 어떻게 하며, 생활은 어떻게 해 나갈 수 있을까?
　엄마를 그리워하는 마음은 이해할 수 있어. 엄마도 너를 그렇게 사랑하셨으니까 네 마음을 모두 이해하고 계실 거야. 그러나 네가 하루도 밝고 건강하게 지내지 못하고 슬픔과 눈물 속에서 지내는 것을 하늘 나라에서 보신다면 얼마나 마음이 아프시겠

니? 네가 좋아하는 엄마를 너무 슬프게 하지 말자.
　엄마를 잃은 슬픔이 너를 너무 상하게 하지 말았으면 해. 오히려 앞으로 열심히 살아가는 힘을 엄마가 보태 주신다고 생각하자.

'슬픔을 이기는 것이 너와 엄마를 위한 길이다.' 바로 이 점을 강조하는 도움말을 작성하였습니다. 느낌을 존중하면서 상대를 설득하는 근거를 잘 마련하고 있습니다.

원리 설명
분류하기란 무엇인가요?

여러 것이 뒤섞여 있는 가운데서 그 종류가 같은 것끼리 묶어서 나누는 것이 '분류하기'입니다. 예를 들어 동물들이 뒤섞여 있는 데서 날짐승, 길짐승, 물짐승 등으로 나누는 것이 분류하기입니다.

우리가 살고 있는 이 현실 세계는 여러 요소들이 서로 복잡하게 뒤섞여 있습니다. 이런 복잡한 현상을 바르고 정확하게 나타내려면 우선 어떻게 해야 할까요? 그것은 그 현상을 자세히 분류해 보는 것입니다.

자, 다음 그림을 잘 보세요.

　책들이 잘 분류되어 있는 도서실에서는 쉽게 도서를 관리하고 이용할 수 있습니다. 그러나 분류되지 않은 책들이 그냥 멋대로 꽂혀 있는 도서실에서는 어떤 책을 어떻게 이용해야 하는지 어렵기만 합니다.

　여러분은 각자의 머리 속에 들어 있는 지식이나 경험을 필요할 때마다 잘 분류할 수 있습니까?

　분류할 수 있도록 늘 사고하는 어린이는 어떤 복잡한 소재나 대상이 나타나도 그것을 조리 있게 설명하고 표현할 수 있습니다.

분류하기는 왜 중요할까요?

1. 막연히 알던 것을 분명하게 알게 해 준다.

• 분류를 하니까 어떤 것이 좋습니까?

2. 전체를 골고루 빠짐없이 알게 해 준다.

• 학교의 모습을 빠짐없이 생각해 내는 사람은 누구입니까?

3. 자세히 따져서 설명하는 힘을 길러 준다.

• 누가 더 개를 잘 설명할 수 있을까요?

4. 글쓰기의 내용 순서를 짤 수 있게 해 준다.

• 분류가 잘 되면 글의 순서는 자동으로 정해집니다.

시범활동 선생님의 분류-개의 분류

선생님께서는 개를 분류해 보라고 하셨습니다.

철수는 어떻게 분류하는 것이 잘 하는 것인지 생각해 보았습니다. 철수는 우선 색깔에 따라 이렇게 분류했습니다.

1) 검은색의 개
2) 흰색의 개
3) 누런색의 개
4) 색깔이 뒤섞인 개

선생님께서는 철수의 개 분류를 보시고는 잘 되었다고 칭찬해 주셨습니다.

그리고는 다음과 같이 분류 시범을 보여 주셨습니다.

∴ 쓰임새에 따라 분류한 것

1) 애완용 개
2) 방범용 개
3) 사냥용 개

∴ 원산지에 따라 분류한 것

1) 한국에 본래 있었던 개: 삽살개, 진돗개, 누렁이
2) 외국에서 들여온 개: 치와와, 불독, 스피츠

시범을 통해 알게 된 것

1. 분류를 바르게 하기 위해서는 반드시 분류 기준이 있어야 한다.
2. 같은 사물들이 모여 있어도 분류 기준에 따라서 그 사물들을 여러 가지로 분류할 수 있다.

아버지의 분류-나라의 분류

아버지는 철수에게 지구상에 있는 나라들을 분류해 보라고 하셨습니다. 분류의 기준은 매우 다양할 수 있다고 미리 말씀하여 주셨습니다. 철수는 사회 시간에 배운 대로 우선 지역에 따라 6대주별로 나라들을 분류했습니다.

1) 아시아 지역의 나라: 한국, 일본, 중국, 인도 등
2) 유럽 지역의 나라: 영국, 프랑스, 독일, 스웨덴 등
3) 아프리카 지역의 나라: 이집트, 가봉, 소말리아 등
4) 북아메리카 지역의 나라: 미국, 캐나다, 멕시코 등
5) 남아메리카 지역의 나라: 브라질, 아르헨티나, 페루 등
6) 오세아니아 지역의 나라: 오스트레일리아, 뉴질랜드 등

아버지께서는 철수의 분류를 보시고, 누구나 다 아는 굳어진 분류가 된 점이 아쉽다고 하셨습니다. 무엇보다도 분류 의도나 목적이 잘 살아나도록 분류하는 것이 좋다고 하셨습니다. 그리고는 다음과 같이 분류 시범을 보여 주셨습니다.

∴ 경제력에 따라서 분류한 것
 1) 잘 사는 나라: 미국, 일본, 독일, 쿠웨이트 등
 2) 못 사는 나라: 방글라데시, 소말리아, 인도 등
 3) 보통인 나라: 타이, 싱가포르, 폴란드 등

∴ 면적의 크기에 따라 분류한 것
 1) 면적이 비교적 큰 나라: 미국, 러시아, 중국, 캐나다, 브라질 등
 2) 면적이 비교적 작은 나라: 안도라, 싱가포르, 바티칸 등

어머니의 분류-악기의 분류

이번에는 옆에서 듣고만 계시던 어머니께서 분류 문제를 하나 생각해 내셨습니다. 음악을 좋아하시는 어머니께서는 '악기'를 분류해 보라고 하셨습니다. 철수는 음악 시간에 배웠던 대로 재빨리 악기를 분류해 보았습니다.

1) 두들겨서 소리나게 하는 악기: 북, 장구 등
2) 입으로 불어 관(파이프)에서 소리나게 하는 악기: 트럼펫, 클라리넷, 피리 등
3) 건반을 두드려 소리나게 하는 악기: 피아노, 오르간, 실로폰 등
4) 줄을 움직여 소리나게 하는 악기: 바이올린, 첼로, 가야금 등

어머니께서는 철수의 분류를 보시고, 독창적인 분류를 해 볼 것을 권하셨습니다. 철수의 분류는 철수가 머리를 짜서 생각해 낸 분류라기보다는 음악 시간에 배운 지식을 그대로 옮겨 놓은 것이었습니다. 왜 분류하는지를 생각지 않으면 그렇게 된다는 것이었습니다. 그리고는 다음과 같이 분류 시범을 보여 주셨습니다.

∴ **연주 방식에 따라서 분류한 것**
1) 독주(獨奏)되는 악기: 피아노, 바이올린, 첼로 등
2) 독주(獨奏)될 수 없는 악기: 북, 심벌즈 등

∴ **악기가 생겨난 곳에 따라서**
1) 전통 한국 악기: 대금, 가야금, 거문고, 장구 등
2) 서양 악기: 피아노, 바이올린, 트럼펫, 첼로 등

∴ 그 밖에 **악기를 만든 재료에 따라서**도 분류가 가능합니다.

삼촌의 분류-공해 현상의 분류

때마침 대학원에 다니시는 삼촌이 들어오셨습니다. 철수의 공부를 바라보시다가 말씀하십니다.

"철수, 너 아주 좋은 훈련하는구나. 자, 그러면 공해에 대해서 차분히 설명하는 글을 쓰려면 어떻게 하는 것이 좋겠니?"

"웬 공해는요? 갑자기."

"설명을 잘 하려면, 즉 글을 잘 쓰려면 쓸 내용을 조리 있게, 그리고 짜임새 있게 파악하고 있어야지."

"그야 당연하지요."

"그러면 너 공해 현상을 어떻게 설명하려고 하니?"

"글쎄요. 그야 뭐 생각나는 대로, 우선 공장에서 폐수를 내보내고 매연을 내뿜는 것부터 이야기하죠 뭐."

"그렇게 생각나는 대로 이야기해서야 내용이 짜임새를 갖추기 힘들지. 여태껏 분류 훈련을 왜 한 거니? 글을 쓰기 전에 공해 현상을 충분히 분류해 보는 거야. 그러면 자기가 써야 할 글의 전체 범위가 한눈에 들어오는 법이야."

삼촌이 공해 현상을 분류해 보이셨습니다.

> 공해 현상은 곧 오염 현상을 말한다.
> 1. 대기 오염으로 인한 공해
>   1) 공장에서의 대기 오염
>   2) 자동차 대기 오염
> 2. 수질 오염으로 인한 공해
>   1) 공장 폐수에 의한 수질 오염
>   2) 생활 하수에 의한 수질 오염
> 3. 토양 오염으로 인한 공해
>   1) 화학 약품에 의한 토양 오염
>   2) 중금속에 의한 토양 오염

기초 문제 1 다음에 열거된 과일들을 공통점이 있는 것끼리 묶어서 분류하려고 합니다. 먼저 분류 기준을 정하고 그 기준에 따라 분류해 보세요.
사과, 밤, 복숭아, 대추, 감, 호두, 배, 귤, 참외, 바나나, 파인애플, 망고, 석류, 포도, 수박, 키위, 멜론, 자두, 살구

1. 과일을 분류하는 기준은 참으로 많습니다. 어떤 기준으로 분류해야 할지를 먼저 생각해 봅시다. 우선 아주 단순한 기준 하나를 가지고 분류해 보기로 하지요.

   분류 기준
   과일 껍질의 겹이 한 겹인지 여러 겹인지를 분류의 기준으로 삼는다.

   분류 내용
   - 한 겹의 껍질을 가진 과일 – 사과, 복숭아, 대추, 배, 참외, 바나나, 포도, 수박, 키위, 멜론, 자두, 살구
   - 두 겹 이상의 껍질을 가진 과일 – 밤, 호두, 귤, 파인애플, 망고, 석류

2. 이번에는 수확하는 계절이 언제인가에 따라 분류해 봅시다. 과일 나무들이 언제 어떻게 자라 꽃 피우고 열매 맺는가 하는 지식, 즉 과일 나무의 생태에 관한 지식과 경험이 있어야 되겠지요.

   분류 기준
   과일을 수확하는 계절

   분류 내용
   - 봄에 수확하는 과일 – _____
   - 여름에 수확하는 과일 – _____

- 가을에 수확하는 과일- _____
- 사계절 수확하는 과일- _____

3. 자, 이번에는 과일의 원산지에 따라 분류해 봅시다. 빈 칸을 여러분이 채워 보세요.

분류 기준 _____

분류 내용

- 원래 한국에서 나는 과일- 사과, 밤, 복숭아, 호두, 대추, 감, 배, 귤, 참외, 석류, 포도, 수박, 자두, 살구

- _____ - 바나나, 파인애플, 망고, 키위, 멜론

기초 문제2 우리가 이용하는 각종 교통 수단들을 모두 생각해 내어 다음과 같이 적어 보았습니다. 이들 교통 수단들을 공통점이 있는 것끼리 묶어서 분류하려고 합니다. 먼저 분류 기준을 정하고 그 기준에 따라 분류해 보세요.
버스, 배, 지하철, 택시, 헬리콥터, 승용차, 유람선, 여객기, 마차, 기차, 오토바이, 우주선, 자전거, 모터보트, 트럭, 핵잠수함

1. 먼저 분류 기준에 대해서 생각해 봅시다. 이들 교통 수단들을 질서 있게 분류하려면 무엇을 기준으로 분류해야 할까요? 네 사람의 의견을 들어 보았습니다.

[논식이의 기준]: 이들 교통 수단을 움직이게 하는 에너지로 무엇을 사용하는지를 분류 기준으로 삼겠습니다.

[논철이의 기준]: 이들 교통 수단이 주로 어디에서 달리는가하는 것을 분류 기준으로 삼겠습니다.

[논순이의 기준]: 이들 교통 수단의 속도가 어떠한지를 분류 기준으로 삼겠습니다.

[논맹이의 기준]: 이들 교통 수단의 바깥 색깔이 어떠한지를 분류 기준으로 삼겠습니다.

누구의 분류 기준이 제일 적절치 못합니까? 그리고 적절치 못한 이유는 무엇입니까? 공통점이 있는 것끼리 묶을 때, 그 '공통점'이란 것은 그 사물이 지니고 있는 아주 중요한 바탕이 되는 성격이어야 합니다. 그러니까 좀처럼 변할 수 없는 것이어야 합니다. 가령 버스나 비행기의 바깥 색깔은 페인트로 칠하면 쉽게 바꿀 수 있습니다.

자, 이쯤 되면 누구의 분류 기준이 엉성하다는 것을 눈치 챘으리라 생각되는군요.

2. '논식이의 분류 기준'으로 위의 교통 수단들을 분류해 봅시다.

- 석유의 힘으로 움직이는 교통 수단: 버스, 배, 택시, 승용차, 유람선, (   ), (   ), (   )
- 전기의 힘으로 움직이는 교통 수단: (   )
- 사람이나 짐승의 힘으로 움직이는 교통 수단: 마차, (   )
- 기타 특수한 연료로 움직이는 교통 수단: 우주선, (   )

논식이의 분류를 이용하면 어떤 점을 설명하기에 편리합니까? 어떤 항목에다 포함시키기에 적절치 않은 분류 대상이 있을 때는 '기타 항목'을 만들어서 분류할 수도 있습니다. 기타 항목에 분류되는 것은 그 수효가 많지 않아야 합니다.

3. '논철이의 분류 기준'으로 위의 교통 수단들을 분류해 봅시다. 빈 칸을 채워 넣어 봅시다.

- _____ : 버스, 지하철, 택시, 승용차, 마차, 기차, 오토바이, 자전거, 트럭
- _____ : 배, 유람선, 모터보트, 잠수함
- _____ : 헬리콥터, 우주선, 여객기

4. '논순이의 분류 기준'으로 위의 교통 수단들을 분류했을 때, 같은 분류 항목 속에 들어갈 수 없는 것들끼리 짝지은 것은 다음 중 어느 것일까요?
   ① 마차와 우주선   ② 승용차와 택시
   ③ 잠수함과 버스   ④ 자전거와 마차

속도에 따라 분류하게 되니까, 예를 들면 대략 다음과 같은 분류 항목들이 마련될 수 있겠지요.

- 매우 빠른 속도의 교통 수단(시속 200km 이상) :
- 보통 빠른 속도의 교통 수단(시속 40~120Km) :
- 비교적 느린 속도의 교통 수단(시속 30Km 이하) :

각 항목에 속할 수 있는 구체적인 교통 수단의 명칭을 기입해 보세요. 자연히 매우 빠르다는 공통점을 가진 교통 수단들은 맨 위의 항목에 모여들게 되지요.

그러니까 '매우 빠른 속도의 교통 수단'에 속하는 것과 '비교적 느린 속도의 교통 수단'에 속하는 것은 절대로 같은 분류 항목에 속할 수 없게 되지요. '우주선과 마차'가 바로 그렇답니다.

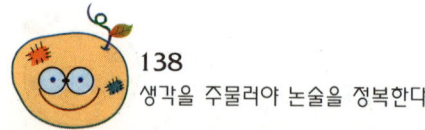

기초 문제3 이 세상에는 여러 종류의 학교들이 있습니다.
만약 이러한 학교들을 분류해 보라고 한다면, 여러분은 어떻게 분류하겠습니까? 한 가지 방식으로만 분류하지 말고 두 가지 이상의 방식으로 분류해 봅시다.

생각하는 방법

1. 먼저 여러 학교들을 머리 위에 떠올려 봅시다.
2. 무언가 공통점이 있는 학교끼리 묶어 봅시다.
   예를 들어 '남학생만 다니는 학교'라는 공통점은 학교의 성격을 말하는 중요한 요소가 되지만, '예쁜 여학생이 많은 학교'라는 것은 누구나 객관적으로 인정하는 학교의 성격이 될 수 없습니다.
3. 공통점으로 학교들이 묶여지면 그 공통점으로 묶여지게 하는 분류 기준을 찾아봅시다.
   예를 들어 '남학생만 다니는 학교'로 한 그룹의 학교가 묶이고, '여학생만 다니는 학교'로 또 한 그룹의 학교가 묶인다면, 이렇게 묶여서 그룹을 나누게 하는 기준을 분명히 해 두어야 합니다. 물론 이 경우의 분류 기준은 '학생의 성별'이 되는 것이지요.
4. 물론 그간의 경험이나 생각에 의해서 분류 기준을 먼저 생각해 내고 분류 작업을 그 뒤에 할 수도 있습니다.

분류 기준

다양한 분류 기준을 적용해서 분류해 봅시다. 다니는 학생의 성별, 연령, 국적, 학교의 소재지 등도 분류 기준이 되겠지요.

발전활동

'동물의 세계'를 설명하는 글을 쓰려고 합니다.
그런데 이 설명은 동물의 세계 전체를 폭넓게 알려 주려는 데 목적이 있습니다. 어떻게 설명 내용을 조직해 주는 것이 효과적이겠습니까?

<발전활동1>

1. 동물의 세계를 잘 설명하려면 동물의 세계를 분류해서 보여 주는 방법이 효과적입니다. 우리가 분류하기 훈련을 이렇게 열심히 한 것도 바로 이와 같은 글쓰기에 적용하기 위해서였지요. 분류할 수 있는 사람은 그 세계를 잘 이해하는 사람이고, 또 거꾸로 그 세계를 아는 사람은 그 세계를 잘 분류할 수 있습니다.

2. 그런데 마침 논식이가 이 문제를 해결하기 위해 애를 쓴 자취가 남아 있군요. 논식이는 이 글을 쓰기 위해 내용 조직을 어떻게 했는지 논식이의 답안지를 살펴봅시다.

논식이의 내용 조직

1) 힘이 지배하는 세계
   - 힘센 동물
   - 힘 약한 동물
     → 힘센 동물이 힘 약한 동물을 잡아먹는다.

2) 먹이를 따라 움직이는 세계
   - 초식 동물
   - 육식 동물
     → 초식 동물은 성질이 순하다.

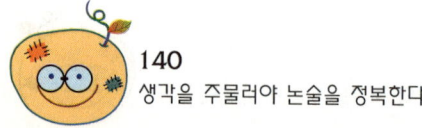

3. 이번에는 논순이의 답안지도 함께 살펴보기로 할까요?

논순이의 내용 조직

1) 사는 장소에 따른 동물의 세계
- 물에 사는 동물
- 땅에 사는 동물
- 양쪽에 다 사는 동물
  ➡ 동물은 넓게 분포되어 산다.

2) 태어나는 상태에 따른 동물의 세계
- 알에서 태어나는 동물
- 어미의 몸에서 태어나는 동물
  ➡ 어미의 몸에서 태어나는 동물이 고등 동물이다.

3) 새끼를 키우는 방식에 따른 동물의 세계
- 젖을 먹여 키우는 동물
- 젖을 먹여 키우지 아니하는 동물
  ➡ 사람은 젖을 먹여 키우는 동물에 속한다.

선생님 강평

분류하기 능력이란 우리들의 경험과 지식을 질서 있게 정리할 수 있는 능력을 말합니다. 즉 우리가 가지고 있는 경험, 견문, 지식 등을 논리에 맞게 정리할 수 있는 능력이라고 할 수 있습니다.

논식이는 동물의 세계를 전체적으로 소개한다기보다는 자기가 알고 있는 동물의 세계만을 소개하려고 했습니다. 그러니까 맹수와 초식 동물이 함께 사는 아프리카의 밀림이나 초원 지역의 동물 세계에 초점을 맞추고 글의 내용을 조직하였습니다. 그러면서도 동물의 세계를 분류에 의해서 파악하려고 노력을 하였습니다. 이렇게 분류를 하게 되면 글의 내용이 바로잡히고, 독자에게도 설득력 있게 잘 전달되는 것입니다. 동물의 세계를 더 폭넓게 분류할 수 있도록 노력해 봅시다.

논순이는 동물의 세계를 어느 것 하나 빠뜨리지 않고 전체적으로 소개하려고 하였습니다. '사는 장소에 따른 동물의 세계'로 분류한 것을 보면 이런 의도를 잘 알 수 있습니다. 그러나 아직은 동물의 세계에 대한 전문적 지식이 충분하지 못하기 때문에 2)와 3)의 분류에서는 역시 부분적인 내용으로 분류를 하고 있습니다. 그러나 어쨌든 이런 분류의 과정을 거치지 않고 그냥 '동물의 세계'를 설명하라는 글을 짓자면 얼마나 막연하고 막막하겠습니까?

두 학생 모두, 자기가 분류한 내용을 가지고 나름대로 동물 세계의 특성(➡ 부분)을 뽑아서 설명한 것이 아주 돋보입니다.

5. 이제 여러분이 직접 해 봅시다.

- 내가 아는 동물 세계의 지식을 점검해 봅시다.
- 그 지식을 바탕으로 동물 세계를 분류해 봅시다.
- 분류 내용을 바탕으로 동물 세계의 특성을 뽑아 내어 봅시다.

〈내용 조직〉

<발전활동2>

다음은 영수가 쓴 '스포츠의 세계'라는 글입니다.

이 글을 잘 읽고 스포츠 세계에 있는 여러 경기들을 체계적인 분류표로 만들어 제시해 봅시다.

스포츠의 세계

이 영 수

스포츠의 세계에는 많은 경기가 있다. 올림픽이나 아시안 게임 등 국제 사회에서 모두가 공인하는 경기가 있는가 하면, 어느 지역 또는 어느 민족만이 즐기는 잘 알려지지 아니한 경기도 있다.

우리가 알고 있는 국제 경기는 주로 올림픽에 채택되는 경기 종목이다. 이러한 스포츠 종목들은 경기가 행해지는 계절에 따라서 동계 경기와 하계 경기로 나누어진다. 또 경기가 이루어지는 장소에 따라서 육상 경기, 빙상 경기, 수상 경기로 분류되기도 한다.

그런가 하면, 또 실내 경기와 실외 경기로 나누어지기도 한다. 실내 경기는 태권도, 유도, 복싱, 레슬링 등 투기 종목들이 주종을 이룬다. 예술적 기술을 뽐내는 체조 경기도 실내 경기이다.

경기를 크게 두 가지로 분류하는 기준에는 그것이 개인 경기인가 아니면 단체 경기인가 하는 것을 따지는 것도 있다. 개인 경기는 주로 기록을 중시하고, 단체 경기는 협동 정신을 중시한다.

육상 경기는 땅 위에서 이루어지는 경기인데, 크게 트랙 경기와 필드(운동장) 경기로 분류된다. 트랙 경기는 트랙을 이용해서 이루어지는 경기이고, 필드 경기는 넓은 운동장을 사용하는 경기이다. 창던지기, 원반던지기, 멀리뛰기 등의 종목도 필드에서 이루어진다. 육상 경기로 분류하지는 않지만 몇몇 구기 종목도 필드에서 이루어지는 경기이다.

빙상 경기는 스케이트 경기와 스키 경기로 분류된다. 스케이트가 트랙을 중심으로 하는 경기라면, 스키는 보다 더 넓고 자유로운 경기장을 필요로 한다. 특이하지만 아이스 하키와 같은 구기 경기도 있다.

수영은 기록을 다투는 경영(競泳)과 기술을 다투는 다이빙으로 분류된다. 빙상의 아이스 하키에 해당하는 수구 경기도 있다.

1. 참으로 스포츠의 세계는 다양하고 복잡하군요. 영수는 이 정도로 스포츠의 세계를 체계적으로 소개·설명하려고 아마 상당한 자료를 모으고, 스포츠에 대한 지식과 경험을 총동원한 것 같습니다.

2. 영수는 이 글을 잘 쓰기 위해, 자기가 알고 있는 스포츠 종목들을 전부 열거해 보면서, 어떻게 분류해서 소개하면 스포츠 세계 전반을 잘 소개·설명할 수 있을까 하고 많은 생각을 짜냈을 것입니다.

3. 이제 영수가 스포츠의 세계를 잘 분류해서 보여 준 것을 우리는 거꾸로 찾아 내어 봅시다. 문제는 스포츠 세계 전체를 망라해서 보여 줄 수 있었던 '분류의 틀'이 어떤 것이었는지를 정확히 파악하는 것입니다. 분류의 틀을 안다는 것은 곧 분류의 기준으로 무엇이 고려되었는지를 살펴서 아는 것입니다.

4. 자, 그러면 영수가 쓴 글에서, 전체 스포츠 종목을 두 가지 묶음으로 분류하기 위한 기준으로는 어떤 어떤 것들이 동원되었습니까?

   빈 칸은 여러분이 채워 보세요.

   분류 기준 1 – 국제 스포츠 사회에서 공인하는가, 않는가.
   분류 기준 2 – 경기가 행해지는 계절이 언제인가.
   분류 기준 3 – _____
   분류 기준 4 – 경기를 실내에서 하는가, 실외에서 하는가.
   분류 기준 5 – _____

5. 경기가 행해지는 장소에 따라서 육상, 빙상, 수상 경기로 분류했습니다. 이번에는 이들 육상 경기, 빙상 경기, 수상 경기를 각각 더 쪼개어 분류해 보기로 합시다. 그렇게 하자면 어떻게 분류하는 것이 좋을까요?

영수의 글을 참고로 해서, 그리고 여러분 각자의 스포츠 지식을 토대로 다음 빈 칸을 메꾸어 보세요.

∴ **육상 경기의 분류**
- 트랙에서 하는 경기 – _____
- 필드에서 하는 경기 – _____

∴ **빙상 경기의 분류**
- 스케이트 경기 – _____
- 스키 경기 – _____
- 구기 경기 – _____

∴ **수상 경기의 분류**
- 경영 경기 – _____
- 다이빙 경기 – _____
- 구기 경기 – _____

6. 이제 여러분 자신의 분류 기준 하나를 정하여 '스포츠의 세계'를 간략히 설명해 봅시다.

- 각자의 스포츠 분류 기준들을 생각해 봅시다.
- 그 기준으로 스포츠의 세계를 독창적으로 설명해 봅시다.

〈스포츠의 세계〉

논술로 나아가기 함께 생각하는 논제

전쟁에 대해서 여러분이 알고 있는 것을 글로 적어서 설명해 봅시다. 특히 전쟁에는 어떤 종류의 전쟁들이 있는지를 상세히 설명해 봅시다.

 착안점

1. 전쟁을 여러 가지로 분류하여 설명하면 조리 있고 짜임새 있게 설명할 수 있습니다.
2. 전쟁을 분류하는 기준은 여러 가지가 있을 수 있습니다. 전쟁의 원인·수단·장소 등이 분류 기준이 됩니다.
3. 설명하는 글이므로 글 쓰는 사람의 주관이나 감정이 글 속에 나타나지 않도록 유의해야 합니다.
4. 학교에서 배운 공부, 소설이나 만화에서 읽었던 내용들을 잘 정리해 보는 것도 이 글쓰기에 도움이 됩니다.

■ **전쟁의 분류 기준**

  1. 전쟁의 원인에 따른 분류
   1) 영토로 인한 전쟁
   2) 식량으로 인한 전쟁
   3) 종교로 인한 전쟁

  2. 전쟁이 벌어지는 장소에 따른 분류
   1) 지상전(땅에서 싸우는 전쟁)
   2) 해전(바다에서 싸우는 전쟁)
   3) 공중전(하늘에서 싸우는 전쟁)

  3. 전쟁이 벌어지는 범위에 따른 분류
   1) 국지전(어떤 한 부분에서만 벌어지는 전쟁)
   2) 전면전(모든 전선에서 전 군대가 싸우는 전쟁)

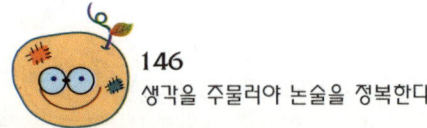

잘·못·된·글·잘·된·글

…잘·못·된·글

전쟁은 나라와 나라가 싸우는 것이다. 전쟁이 일어나면 많은 사람이 죽는다. 그런데 우리는 자꾸만 전쟁을 한다. 영화 같은 데서 보면 전쟁은 신나 보이기도 하지만 그래도 사람들이 많이 죽고 다치는 것이 나는 싫다. 앞으로는 전쟁이 일어나지 않도록 해야겠다.

우리 나라도 많은 전쟁을 겪었다. 임진왜란도 전쟁이고, 6·25 전쟁도 전쟁이다. 어른들의 말씀을 들으면 그 때는 너무 고생을 했고, 사람들이 많이 죽었다고 한다.

전쟁을 하면 총이나 대포와 같은 무기들이 사용된다. 요즘에는 고급 전자 장비를 갖춘 무기들이 등장하고 있다. 특히 전투기나 항공 모함 등은 날로 발달하여 온갖 성능을 다 발휘한다고 한다.

나는 이 지구상에서 전쟁이 없어지기를 바란다. 그래서 우리 모두가 평화롭고 공해 없는 이 세상을 살아가야겠다.

…잘·된·글

전쟁은 인간의 욕심 때문에 일어난다. 남을 공격해서 남의 것을 빼앗겠다는 것이 전쟁이다. 영토를 넓히기 위해서 일어나는 전쟁이 있는가 하면, 식량이나 자원을 빼앗기 위해서 일어나는 전쟁도 있다. 또 자기가 믿는 종교 때문에 벌이는 전쟁도 있는데, 이것도 나만 생각하고 남을 생각하지 않는다는 점에서 욕심에 해당된다. 욕심을 버리는 곳에 평화가 있다는 말이 있다.

무기에 따라서 전쟁의 모습도 달라진다. 옛날에는 칼과 창을 가지고 전쟁을 했으나, 오늘날에는 레이더, 미사일 등 첨단 과학 무기를 가지고 싸운다. 그리고 싸우는 장소에 따라 지상전, 해전, 공중전 등으로 분류된다.

현대에 와서는 무기로 싸우는 전쟁만 있는 것이 아니다. 상대방의 신경을 건드리는 심리전도 있고, 무역에서 더 많은 수출을 하기 위해 애쓰는 무역 전쟁이란 말도 있다.

이런 전쟁들을 소리 없는 전쟁이라고 부른다. 이렇게 보면 사람 사는 모든 일이 전쟁처럼 보이기도 한다.

비교와 평가

앞의 글은 전쟁에 대해서 그저 생각나는 대로 무질서하게 적어 놓은 것이고, 뒤의 글은 전쟁의 원인과 모습을 질서 있게 분류해서 그것을 내용으로 조직한 글이다.

혼자서 해결하는 논제

이 세상 사람들을 분류하라고 한다면 여러분은 어떻게 분류하겠습니까? 얼굴색으로도 분류하고, 어느 나라에 사는지로 분류하기도 합니다. 더 단순하게는 남녀로, 어른과 아이로도 분류할 것입니다.

오늘은 좀 다른 발상으로 사람들을 분류해 보도록 합시다. 어떻게 분류하느냐고요? 사람으로서의 성실성을 분류 기준으로 삼아서 사람들을 분류해 봅시다. 이 분류를 바탕으로 '사람의 등급'이라는 제목으로 주장하는 글을 써 봅시다. (600자 정도)

〈착상과 분류〉

〈사람의 등급〉

비교의 세계

원리 설명

'비교하기'란 무엇인가요?

 이 세상의 모든 일들은 서로 비슷한 점도 있고 서로 다른 점도 있습니다. 서로 다른 두 사물을 두고 무엇이 얼마나 같은 점이 있으며, 또 무엇이 얼마나 다른 점이 있는지를 생각해 보는 것을 '비교하기'라고 합니다.

 우리가 어떤 대상을 보고, 그것이 지니고 있는 성질이나 가치를 판단하려면 자연히 어떤 기준이 되는 것에 견주어 보게 됩니다. 가령, 친구의 키가 얼마나 큰지를 파악하려면 나의 키에 견주어 본다든가, 색연필의 값이 얼마나 비싼지 알아보려면 그 값을 보통 연필의 값에 견주어 본다든가 합니다. 이런 과정이 모두 비교하기에 해당하는 것들입니다.

자, 다음 그림의 쌍들을 보세요. 이렇게 짝지어진 그림들 사이에 같은 점은 무엇이고 다른 점은 무엇인지 생각해 봅시다.

글쓰기에서 비교하기는 왜 중요한가?

1. 소재에 대해서 적극적인 관심을 가지는 사람은 그 소재를 항상 다른 사물과 비교하면서 생각하게 된다.

- 소재와 관련하여 쓸 내용이 많이 나오게 하려면 어떻게 해야 합니까?

2. 비교를 하게 되면 판단을 잘 할 수 있다.

- 쓰려는 소재에 비교할 대상이 있다는 것은 마치 키를 재려는 사람이 무엇을 가지고 있는 것과 마찬가지입니까?

3. 비교를 잘 하면 설명을 매우 상세하고 구체적으로 할 수 있다.

• 동맥 경화 증세를 무엇과 비교하여 설명하면 효과적인 설명이 될 수 있을까요?

4. 통계나 수치를 통한 비교는 정확하고 객관적인 논술을 할 때 유효 적절하다.

• 비교하는 자료로써 통계 수치를 사용하면 어떤 점이 유리합니까?

시범활동 선생님의 시범 – 비교의 개념과 묘미 알기

원래 비교하기는 두 사물 간의 공통점을 알아보는 것이라고 합니다. 그러나 넓은 의미의 비교는 두 사물 간의 공통점과 차이점을 모두 파악하는 것을 나타냅니다.

공통점과 차이점 찾기는 어찌 보면 아주 재미있는 놀이이기도 합니다. 글쓰기에서는 이치에 맞게 '비교하기'가 이루어져야 합니다.

자, 그러면 선생님 시범은 아주 쉬운 것에서부터 시작하기로 하지요. 다음 그림들을 보고 두 사물 간의 공통점과 차이점을 두 가지 이상 찾아 내어 보세요.

공통점 1. _____
　　　 2. _____
차이점 1. _____
　　　 2. _____

공통점 1. _____
　　　 2. _____
차이점 1. _____
　　　 2. _____

공통점 1. _____
     2. _____
차이점 1. _____
     2. _____

공통점 1. _____
     2. _____
차이점 1. _____
     2. _____

설명 두 사물 간의 공통점과 차이점을 찾는 데에는 정해진 답이 하나만 있는 것이 아닙니다. 관찰하는 사람의 생각과 경험에 따라 얼마든지 참신하고 새로운 아이디어가 떠오를 수 있습니다. 다음의 예를 참조하세요.

1. 사과와 축구공은 모양이 둥글다는 공통점이 있고, 아이들이 서로 차지하겠다고 나서는 것도 공통점입니다.
   사과와 축구공의 차이점은 크기가 다르다는 점, 그리고 사과는 대자연의 힘으로 열리지만, 축구공은 사람의 손으로 만든다는 점 등을 떠올릴 수 있습니다.

2. 연과 돛단배, 얼른 공통점이 안 찾아지죠? 둘 다 바람을 이용하여 움직인다는 점을 생각할 수 있겠군요. 땅에서 떨어져 있다는 점도 있고요.

차이점으로는 하나(연)는 공중에서, 다른 하나(돛단배)는 물 위에서 움직인다는 점이 있군요. 또 사람이 탈 수 있고 없고의 차이도 있네요.

3. 해와 달의 공통점은 무엇이 있겠습니까? 우선 둘 다 천체(하늘에 있는 물체)라는 점을 들 수 있겠군요. 그리고 모두 빛나는 물체라는 것도 공통점이 되겠지요.
　차이점으로는 달은 차가운 물체이지만 해는 아주 뜨거운 물체라는 점을 생각할 수 있고, 또 달은 지구를 돌지만 해는 지구를 돌지 않는다는 점도 차이점이 되겠군요.
　그러고 보면 무언가 두 사물을 비교한다는 것은 그 사물에 대한 많은 지식과 관찰을 갖추어야 한다는 것을 새삼스럽게 느낄 수 있습니다.

4. 야구와 축구의 공통점과 차이점 찾기입니다. 스포츠에 관심이 많은 친구들은 아마 벌써 답을 마련해 놓았을 것입니다. 안다는 것은 이렇게 우리의 비교 능력을 한결 높게 가꾸어 줍니다.
　야구와 축구는 모두 공을 가지고 하는 경기입니다. 그리고 여러 사람이 한 편이 되어서 해 나가는 경기입니다.
　차이점으로는 축구는 시간을 정하여 경기를 진행하고 야구는 횟수를 정하여 경기를 진행한다는 점이 얼른 떠오르지요? 축구는 공 이외에는 다른 장비가 필요 없지만, 야구는 공 이외에도 장갑, 마스크 등의 장비가 추가로 더 필요하다는 점을 꼽을 수 있습니다. 관심이 많은 친구들은 이런 것까지도 지적합니다. 축구는 올림픽 정식 종목이지만 야구는 그렇지 못합니다.

아버지의 시범 – 어떤 목적으로 비교하기를 시도하는가?

아버지께서는 비교할 수 있는 눈을 가졌다면, 그 사람은 이미 사고력이나 글쓰기 능력이 상당히 갖추어진 사람이라고 말씀하셨습니다. 그러면서 강조하시는 말씀이 아주 재미있습니다.

"아무것이나 비교하겠다고 해서 다 비교가 되는 것이 아니란다. 가령 돌멩이와 여우의 꼬리를 비교하라는 것은 어딘가 좀 이상하지 않니? 그냥 막무가내로 비교만 한다고 해서 그게 다 좋은 것은 아니야. '비교를 함으로 해서 어떤 중요한 사실을 발견하거나 판단을 잘 할 수 있겠다.' 이럴 때 바로 비교하기를 시도하는 것이지. 글을 쓸 때도 이미 그런 의도를 가지고 비교하기에 나서는 학생은 상당한 능력을 갖춘 셈이지. 그래서 '비교할 수 있는 눈'을 갖추라고 한 거야."

말씀을 마치고서 아버지는 다섯 가지 비교의 경우들을 제시하셨습니다. 그러고는 이들 비교하기가 어떤 글을 쓸 때 필요하게 되는지를 생각해 보자고 하셨습니다.

● 아버지께서 제시하신 비교하기의 경우

1. 책을 열심히 읽는 사람이 느끼는 기쁨과 돈을 열심히 벌어들이는 사람의 즐거움을 비교하는 경우
2. 우리 나라의 경제 발전 모습과 일본의 경제 발전 모습을 상세한 통계를 들어 가며 비교하는 경우
3. 지식과 도덕을 가르쳐 주시는 학교 선생님과 우리의 몸을 치료해 주시는 병원 의사 선생님을 비교하는 경우

4. 멜로디와 리듬으로 이루어지는 아름다운 음악의 세계와 선과 색채로 이루어지는 미술의 세계를 비교하는 경우
5. 차가 시원시원하게 빠른 속도로 달리는 죽 벋은 고속 도로와 시골 산모롱이를 휘돌아 가는 오솔길을 비교하는 경우

아버지께서는 위의 비교하기가 잘 맞아떨어지는 글쓰기는 하나만 있는 것이 아니라 여러 가지가 있을 수 있다고 말씀하셨습니다. 그러면서 아버지의 아이디어를 발표하셨습니다. 즉, 아버지의 글쓰기 의도를 각각 이렇게 살려 보겠다고 말씀하셨습니다.

> **첫번째 비교의 경우**: 정신적인 기쁨과 물질적인 기쁨은 그 성격이 다르지만, 그것을 위해 최선을 다해야 한다는 점을 주장하는 글을 쓸 때
> **두 번째 비교의 경우**: 우리 나라의 경제 발전은 일본과는 어떻게 다른가를 설명하려는 글을 쓸 때
> **세 번째 비교의 경우**: 흔히 선생님의 중요함을 강조하기 위한 글을 쓸 때
> **네 번째 비교의 경우**: 표현하는 재료나 수단은 다르지만 모든 예술은 궁극적으로 아름다움을 추구하는 것이라는 점을 설명할 때
> **다섯 번째 비교의 경우**: 문명의 발달에 따라 길은 어떻게 변화되어 왔는지를 설명하려는 글을 쓸 때

논식이의 시범 – 글 속에서 비교된 것 찾아 내기

우선, 다음 글을 읽고 이 글 속에 들어 있는 비교하기의 내용을 찾아보세요.

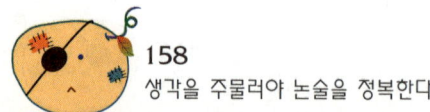

논식이가 보여 줄 시범은 친구들의 글 속에 나타나 있는 '비교하기'의 모습을 찾아 내 보는 것입니다.

■ 단군 신화에 나오는 곰과 호랑이

단군 신화를 읽었다. 천상의 세계에서 지상의 세계로 내려온 환인의 아들 환웅이 신화의 주인공이라 할 수 있다. 환웅은 우리가 잘 알고 있는 단군의 아버지되는 분이시다.

그런데 단군 신화에서 가장 재미있는 부분은 환웅의 아내가 되기 위해 곰과 호랑이가 기를 쓰고 노력하는 대목이다. 곰과 호랑이는 환웅에게 찾아와서 제발 사람이 되게 해 달라고 한다. 그러자 환웅은 이들에게 어두운 동굴에 가서 백 일 동안을 쑥과 마늘만 먹고 지낼 수 있겠느냐고 묻는다. 곰과 호랑이는 능히 할 수 있다고 하면서 동굴로 들어간다.

동굴에서 쑥과 마늘만 먹고 지내겠다는 곰과 호랑이의 태도에는 공통점도 있고 차이점도 있다. 우선 사람이 되기를 간절히 원했다는 점에서는 둘 다 생각이 같다. 그러나 매운 마늘과 씁쓸한 쑥을 먹으면서 깜깜한 동굴 속에서 지내려니까 여간 고통스럽지 않았을 것이다. 여기까지는 곰과 호랑이는 같이 견디어 낸다.

그러나 시간이 지나면서 견디기가 점점 힘들어진다. 그래서 이 고통을 이겨 내는 데 있어서는 차이를 보인다. 호랑이는 참지 못하고 중간에 동굴 밖으로 뛰쳐나가는 데 반해 곰은 끝까지 참고 견디어서 마침내 인간 여자로 다시 태어나게 되는 것이다. 그러고는 환웅의 아내가 된다. 이렇게 된 곰을 웅녀라고 부른다.

호랑이는 민첩하고 날카로운 동물이라고 한다. 반면에 곰은 미련하고 둔한 동물이라고 한다. 그러나 단군 신화를 보면 민첩하고 날카로움보다 미련하고 둔함이 승리하는 것을 볼 수 있다. 민첩하고 날카롭다는 것 뒤에는 참을성이 없다는 약점이 숨어 있다고 나는 생각한다. 또한 미련하고 둔한 것 속에는 인내와 끈기라는 장점이 숨어 있다고 생각한다. 이 신화대로 한다면 우리는 모두 웅녀, 즉 곰의 자손이기도 하다. 어려움을 이겨 내는 의지와 참을성을 더욱 빛내도록 해야겠다.

시범활동 1 이 글에서 비교되고 있는 것은 곰과 호랑이입니다. 물론 여기서는 자연 상태의 곰과 호랑이를 비교하는 것이 아니라, 단군 신화 속에 나오는 곰과 호랑이를 비교하는 것이지요.

   1) **공통점** ① 우리 나라에 살아왔던 대표적인 짐승이다.
              ② 사람이 되기를 간절히 원했다.
   2) **차이점** ① 곰은 동굴 속의 고통을 잘 참고 견디었으나 호랑이는 견디지 못하고 동굴을 뛰쳐나갔다.
              ② 곰은 사람이 되었고 호랑이는 실패했다.

시범활동 2 이 글은 단군 신화의 독후감을 곰과 호랑이 비교하기로 써 내고 있군요. 비교하기가 이 글에서 어떤 역할을 하고 있습니까? 이렇게 비교하기를 시도함으로써 이 글에서는 웅녀의 장점이 잘 드러나고 있습니다. 그리고 결과적으로는 단군 신화의 내용과 의미를 더 확실하게 또 기억하기 좋게 만들어 주고 있습니다.

삼촌의 시범 – 눈에 안 보이는 것을 눈에 보이는 것에 비교하기

　삼촌께서는 눈에 보이는 것만 비교하는 것에서 한 걸음 더 나아가 보자고 하십니다. 즉 눈으로 직접 볼 수 있는 물건이 아닌, 심리 상태나 제도 같은 것을 눈에 보이는 어떤 사물과 비교해 보는 것입니다. 삼촌은 예를 들어 주십니다.

　"논식아, 예를 들면 삼권 분립(민주주의 국가에서 나라의 권력이 입법, 사법, 행정으로 나뉘어 서로 견제와 균형을 이루는 것) 제도 같은 것은 과일이나 자동차를 보듯이 눈으로 볼 수 있는 것은 아니지. 그런데 이런 삼권 분립 현상을 세 발로 된 화로나 솥에 비교하여 볼 수 있는 거야. 우선 세 개의 줄기로 유지된다는 공통적인 성격이 있으니까."

　"그래서요?"

　"뭘 그래서야. 이렇게 비교를 해 주니까, 삼권 분립이라는 제도를 사람들이 쉽게 이해를 하는 거지."

　"뭘요?"

　"여태 듣고도 몰라. 나라의 권력이란 것도 마치 세 발 솥처럼 입법, 사법, 행정의 세 기둥으로 나누어 떠받들면 그만큼 안정되고 균형된다는 것을 설명할 수 있는 것이지."

이렇게 두 사물을 비교해 나가다 보면 공통점이 발견될 때가 있습니다. 이 때 한 사물의 특성을 빌려 와서 다른 한 사물의 모습을 설명하게 되면 그것이 곧 비유가 되는 것입니다.

예를 들어 보기로 합시다. '마음'과 '호수'를 비교하고 있는 학생이 있다고 합시다. 이 학생은 마음과 호수의 공통점을 ① 맑다 ② 잔잔하다 등으로 정리했습니다. 그래서 이런 표현을 해 보았습니다.

"호수처럼 맑고 잔잔한 마음"

이렇게 되면 어느 새 아주 훌륭한 비유의 표현이 만들어지는 것입니다. 그러니까 비유는 비교하는 생각을 출발점으로 해서 만들어지는 것이기도 합니다.

눈에 보이지 아니하는 현상을 그냥 비교나 비유 없이 정면으로 설명하기란 여간 어려운 일이 아닙니다. 논식이가 삼촌에게 질문합니다.

"그러면 비교와 비유는 같은 건가요?"

"비교와 비유는 같은 것이라고 할 수는 없지. '비교'는 두 사물의 여러 특성을 서로 견주어 보는 것이고, '비유'는 두 사물 간의 공통점 또는 유사점을 빌려 와서 그것으로 한 쪽 사물의 특성을 표현하는 것이라고 할 수 있지."

"그러니까 비유를 사용하려면 그 이전에 비교의 과정을 은연중에 거치는 것이라고 해야겠군요."

"그렇지. 아주 정확히 잘 말했다."

기초 문제 1 다음의 두 사물을 비교해 보세요. 비교를 할 때는 두 사물의 공통점과 차이점을 잘 드러내어 보세요. 그리고 이런 비교하기의 결과로 어떤 주장을 이끌어 낼 수 있을지 생각해 보세요.

1. 전쟁과 축구 경기의 비교
   1) 공통점
   2) 차이점
   3) 비교 결과 이끌어 낼 수 있는 주장

2. 거지와 도둑의 비교
   1) 공통점
   2) 차이점
   3) 비교 결과 이끌어 낼 수 있는 주장

3. 공부하기와 금광캐기의 비교
   1) 공통점
   2) 차이점
   3) 비교 결과 이끌어 낼 수 있는 주장

4. 컴퓨터와 인간의 두뇌 비교
   1) 공통점
   2) 차이점
   3) 비교 결과 이끌어 낼 수 있는 주장

5. 한국과 일본의 비교
   1) 공통점
   2) 차이점
   3) 비교 결과 이끌어 낼 수 있는 주장

비교하기에 재미를 붙이면 평소 무심코 보아 오던 일에도 아주 재미있는 의미를 발견할 수 있습니다. 비교하기는 우리의 머리를 더욱 탐구적으로 만들어 줍니다.

자, 그러면 여러분의 문제 해결을 위한 생각을 도와 드리 겠습니다.

1. 전쟁이나 축구 경기나 상대방을 이기기 위해 싸우고 경쟁한다는 면은 같다. 하지만 전쟁은 목숨과 재산을 앗아가고, 축구 경기는 건강과 화합을 가져다 준다.
   ➡ 축구 경기를 전쟁하듯이 해서는 안 된다.

2. 자기 힘으로 벌고 노력해서 살아가지 않는다는 점이 공통점이다. 하지만 거지는 남의 물건을 구걸하여 가져오고, 도둑은 남의 물건을 훔쳐서 가져온다.
   ➡ 거지나 도둑은 정도의 차이는 있겠지만 사회의 기생충이다.

3. 깊게 파고들어야 값진 것을 얻게 된다는 점에서 공통적이다. 공부하기는 머리를 쓰는 활동이고, 금광캐기는 몸을 쓰는 활동이다.
   ➡ 광맥을 발견하기 위해서는 깊이 파고들어야 하듯, 진리를 깨치기 위해서는 많이 읽고 공부해야 한다.

4. 컴퓨터나 인간 두뇌나 정보를 받아들여 기억하고 관리한다는 점이 같다. 그러나 컴퓨터는 감정이나 기분을 나타내지 못하지만, 인간의 두뇌는 감정과 기분까지도 나타낸다.
   ➡ 아무리 컴퓨터가 발달해도 사람의 역할을 하지는 못한다.

5. 아시아에 있는 나라라는 점이 공통점이다. 그러나 한국은 나라를 빼앗긴 경험이 있는 나라이고, 일본은 다른 나라를 빼앗아 본 경험이 있는 나라이다.
   ➡ 한국과 일본은 가까이는 있지만 마음은 가깝지 않다.

기초 문제2 경주 불국사에 가 본 사람이라면 불국사 대웅전 마당에 있는 두 탑을 보았을 것입니다. 그 두 탑은 다보탑과 석가탑입니다. 모두가 신라 시대 불교 미술의 훌륭한 작품으로 평가받고 있는 것들이지요. 그런데 이 두 탑을 가만히 비교해 보면 여러 가지 특징이 나타나는 것을 발견할 수 있을 거예요.

이번 문제는 다보탑과 석가탑을 비교해 보는 것입니다. 탑의 특징과 느낌을 비교의 관점에서 글로 써 보기 바랍니다.

다보탑과 석가탑의 모양이 잘 기억나지 않는 사람들, 또는 아직 경주 불국사에 가 보지 못한 사람들을 위해서 아래에 사진을 제시했습니다. 두 탑을 잘 관찰한 다음에 비교해 보세요.

1. 우선 다보탑과 석가탑의 공통점을 생각해 봅시다.

    탑의 형태만 보면 공통점보다는 차이점(혹은 대조적인 면)이 훨씬 두드러져 보이죠? 그렇기 때문에 공통점은 탑의 형태에서 찾지 말고 탑의 건축 배경 등에서 찾아봅시다.

2. 그러면 공통점에는 어떤 것이 있을까요?
   - 신라 시대에 만든 탑이다.
   - 돌로 만든 탑이다.
   - 크기와 높이가 비슷하다.

3. 차이점은 무엇일까요?
   - 다보탑은 섬세한 멋이 있고, 석가탑은 단순한 멋이 있다.
   - 다보탑은 여성적이고, 석가탑은 남성적이다.
   - 다보탑은 화려하고, 석가탑은 소박하다.
   - 다보탑은 우아하고, 석가탑은 장중하다.

> **기초 문제3** 눈에 보이지 않는 현상을 잘 설명하려면, 눈에 보이는 사물과 비교하여 그 공통점을 찾고, 그것으로 비유의 표현을 하는 방법이 있습니다.
> 다음의 현상들을 효과적으로 설명하려면 무엇과 비교하여, 어떠한 비유적 표현을 사용해야 할까요?
> 1. 학식이 높고 생각이 깊은 사람이 더 겸손하고 자기를 낮추는 현상
> 2. 단체에 속한 사람들이 각자 자기가 옳다고 떠들어서 그 단체가 아무런 일도 수행하지 못하는 현상

1. 이런 사람을 동양에서는 '군자(君子)'라고 불러 왔습니다. 흔히 군자를 잘 익어서 고개 숙인 벼에 비유해 왔습니다. '벼는 익을수록 고개를 숙인다.'라는 말을 잘 생각해 보세요.

2. 배가 폭풍우를 만났는데 선원들 모두가 선장인양 자기 말대로 할 것을 주장한다면 그 배는 어떻게 될까요? '사공이 많으면 배가 산으로 간다.'라는 속담을 떠올려 보세요.

발전활동

<발전활동1>

다음 글을 잘 읽고 이 글에서는 무엇과 무엇이 비교되고 있는지 지적해 봅시다. 그리고 그러한 비교는 이 글에서 어떤 효과를 나타내는지도 살펴봅시다.

1945년 광복 후 우리는 가난에서 벗어나기 위해 몸부림쳤다. 너도 나도 피땀 흘려 열심히 일하고 앞뒤 가리지 않고 달렸다. 그 결과 50여 년 만에 1만 달러 시대라는 눈부신 성과를 거둔 것이다. 주변 생활을 보더라도 불과 10년, 20년 전보다 지금의 생활이 훨씬 윤택해졌음을 알 수 있다.

오늘날, 옷이나 신발이 떨어질 때까지 신는 사람은 거의 없다. 또, 허기진 배를 채우기 위해 음식을 많이 먹겠다는 사람도 찾아보기 힘들다. 대신 맛있고 신선한 음식을 먹으려고 노력한다.

그러면 과연 우리는 물질적인 풍요로움에 걸맞게 정신적으로 성숙했는가? 이 물음에 대한 대답은 매우 궁색해진다. 우리는 지나칠 정도로 물질적으로 잘 살아야겠다는 문제에 매달린 나머지 정신적으로 걸맞는 자세를 키워 오는 데에 소홀했다. 아직까지 질서 의식은 후진국 수준이다. 남을 위한 배려는 전혀 없다. 도서관에서 떠들거나 공중 질서를 안 지키는 학생들도 자주 눈에 띈다.

선진 사회란 물질적 풍요 속에서 타인과 더불어 행복하게 사는 사회를 말한다. 남을 생각하고 함께 살아가려고 하는 성숙된 국민 의식이 아직 우리 사회에는 부족하다. 이제 우리 국민도 선진 사회에 걸맞는 성숙한 시민의 자세를 가져야 하겠다. 물질과 정신의 풍요로움을 공유해야 진정한 선진국이 될 수 있을 것이다.

---

1. 여러분은 이 글을 앞에서 한 번 만나보았습니다. '사실'을 찾는 과제를 할 때였지요. 이번에는 이 글에서 '비교'를

찾는 과제를 해 봅니다.
2. 광복되던 해로부터 십 이십 년 전에 이르기까지의 가난했던 생활과 지금의 윤택한 우리 생활이 비교되어 있습니다. 그 때의 가난과 지금의 윤택함이 각각 어떻게 상세하게 표현되어 있는지 살펴서 정리해 봅시다.
3. 이 글에는 '물질적 풍요'라는 말과 '정신적 성숙'이라는 말이 나오는데, 이 말들은 서로 어떤 관계에 있는지를 잘 생각해 보아야 할 것입니다. 쉽게 말하면, 이 글을 쓴 사람은 '물질적 풍요'와 '정신적 성장'을 비교하고 있는 것입니다. 그러면서 이 두 가지가 조화를 이루는 삶이 되어야 한다는 것을 이 글의 주장으로 삼고 있는 것을 발견할 수 있습니다.

<발전활동2>

> 세월이 빨리 지나가는 것을 비유한 다음 표현들은 어딘가 부자연스럽습니다. 가장 자연스러운 것은 어느 것입니까?
>
> ① 세월은 낙엽이 지듯이 빠르다.
> ② 세월은 강처럼 흘러가 버린다.
> ③ 세월은 해와 달이 바뀌듯 흐른다.
> ④ 세월은 바위처럼 무심히 무겁다.
> ⑤ 세월은 등불처럼 지나간다.

• 세월과 강물과의 공통점을 비유로 사용한 것을 찾아 봅시다.

논술로 나아가기 다음은 군것질로 찐빵을 좋아하는 한 학생의 글입니다. 이 글을 꼼꼼히 읽고, 이 글을 쓴 사람과 여러분 자신을 비교하는 글을 한 편 써 보기 바랍니다. 비교의 기준을 잘 잡고 여러분 자신의 모습과의 공통점, 차이점을 뽑아서 한 편의 글로 정리해 보세요.(분량 200자 원고지 4매 내외)

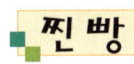 

찐빵

'왜 이렇게 배가 고플까?'

점심을 많이 먹고 났지만 웬일인지 배가 허전했다. 엄마는 내가 배가 많이 나왔다고 배고프다고 하면 이상하게 생각하신다. 하지만 난 이 통통한 배를 유지하려면 많이 먹어야 한다는 문제로 항상 시끄럽다.

오늘은 찐빵으로 배고픔을 달래기 위해 분식집으로 달려갔다. 그런데 배고픈 사람 사정도 모르고 쪄 놓은 것이 없어 한참 기다렸다. 김이 모락모락 나는 찐빵은 금방이라도 터질 것같이 배가 불룩하였다. 길거리에서 찐빵을 먹는 것은 창피한 일이지만 그것을 무릅쓰고 길거리에서 꿀맛 같은 찐빵을 한 개만 남기고 다 먹어 버렸다. 큰 봉지에 겨우 한 개의 찐빵을 남겨 집에 돌아오니 엄마께 미안한 생각이 들었다.

"엄마, 죄송해요. 너무나 맛이 있어서 엄마 생각 안 하고 그만……."

"괜찮아. 너의 통통한 배를 유지하려면 많이 먹어야 된다면서. 어서 먹어."

나는 엄마의 말씀이 끝나기가 무섭게 남은 찐빵 한 개를 '꿀꺽' 역시 맛있게 먹었다. 오늘 먹은 찐빵 맛은 영원히 잊지 못할 것이다.

착안점

1. 글 속의 주인공과 여러분 자신을 단순 비교하는 것이기 때문에 그다지 어려운 쓰기 과제는 아닙니다. 자신감을 가지고 접근하세요.

2. 비교하는 기준을 정해야 합니다. 그런데 이 기준 설정은 앞의 글에 나와 있는 상황을 그대로 나 자신에게 적용시키면 됩니다. 예를 들어 볼까요?

   1) 끼니 후의 군것질 습관
   2) 체격(배가 나온 편인지 아닌지)
   3) 찐빵을 좋아하는 식성
   4) 길거리에서 먹는 행동에 대해서 내가 가지고 있는 생각
   5) 음식을 혼자 다 먹고 엄마에게 느끼는 미안함

위의 것들이 모두 글 속의 주인공과 여러분 자신을 비교하는 기준입니다. 일단은 같은지 다른지를 생각해 보세요.

3. 그런 다음에는 같고 다름의 이유나 형편을 조금 더 자세하게 밝혀 보도록 하세요. 그리고 자신의 행동이나 생각을 정당화시켜 보기도 하고, 스스로 비판해 보기도 하세요.

4. 마지막으로 여러분 자신의 식생활, 가정 예절 생활 등등 생활 습관 전체를 반성하여 살피고 진단하는 내용을 결론으로 삼아서 제시해 보세요. 비교하기의 활동만으로도 한 편의 무난한 논술이 될 것입니다.

이렇게 한 걸음씩 논술에 다가서면 됩니다!!

분석의 세계

원리 설명

'분석'이란 무엇인가요?

'분석'이란 말이 어렵게 들리나요? 분석이란 것을 이렇게 설명해 보기로 합시다. 여러 요소가 뒤섞여 있는 사물을 그 요소나 성질에 따라 나누는 것을 분석이라고 합니다.

자, 여기에 우리가 글로써 표현해야 할 어떤 복잡한 현상이나 사물이 있다고 합시다. 예를 들어 자동차라는 사물이 있다고 합시다. 자동차는 여러분도 잘 알다시피 수천 개의 부속품으로 이루어져 있지요? 이 자동차라는 복잡한 사물을 한꺼번에 뭉뚱그려서 몽땅 설명할 수 있을까요? 그것은 불가능합니다. 자동차를 이루고 있는 작은 부분들을 나누어 쪼개어서 설명해야 합니다. 엔진 부분을 설명하고, 바퀴 부분을 설명하고, 제동 장치를 설명하고……

이런 식으로 여러 요소들로 구분지어서 설명하는 것이 효과적일 것입니다. 이렇게 설명하는 것이 바로 분석의 방법으로 자동차를 설명하는 것이라 할 수 있습니다.
　자, 다음 그림을 잘 보세요.

〈자동차 분석하기〉

〈집 분석하기〉

〈나무 분석하기〉

'분석의 세계'를 분명히 이해하기 위해서는 대상을 통째로 볼 때와 쪼개어서 볼 때의 차이를 잘 알아 두는 것이 중요합니다. 통째로 보는 것은 생긴 모습 전체를 그대로 보는 것이고, 쪼개어서 보는 것은 그 사물을 분석해서 보는 것이 됩니다.
　자, 그림들을 봅시다. 다음 물건들을 어떤 요소들로 쪼개고 나누어서 분석하고 있습니까?

- 위의 네 그림을 보고 우선 통째로 설명해 봅시다.
- 그림에서는 각기 어떤 요소들로 쪼개어 분석하고 있습니까?
- 밤, 우리 나라, 열차, 꽃에 대해 분석적으로 설명해 봅시다.

분석 능력은 논술에서 왜 중요할까요?

1. 글을 쓴다는 것은 무엇인가를 분석하는 것과 같습니다. 만약 우리가 어떤 소재를 받아 들고 그 소재에 대해서 아무런 분석을 하지 않는다면, 우리는 알맹이 있는 글을 한 줄도 쓸 수 없습니다.

- 분석을 하지 못하면 글이 어떻게 될까요?

2. 우리 주변의 여러 사실이나 일을 막연히 껍데기만 보지 않고, 주의 깊게 뜯어서 보는 힘이 길러집니다.

- 누구의 설명이 더 상세하고 충실합니까?
- 분석의 방법으로 설명한 사람은 누구입니까?
- 수박을 무엇무엇으로 분석했습니까?

3. 분석하는 능력을 기르게 되면, 겉으로 쉽게 보이지 않는 숨은 모습들을 파악할 수 있게 됩니다. 따라서 소재를 살피는 생각이 깊어집니다.

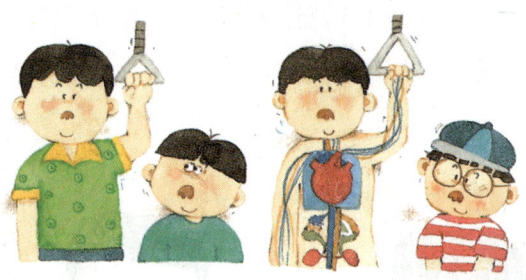

- 우리 몸의 보이지 않는 숨은 부분까지를 이해하고 있는 사람은 누구입니까?
- 숨은 부분을 이해하기 위해서는 우리 몸을 여러 부분으로 나누고 구분하여 생각해 보는 능력이 있어야 합니다. 즉, 분석하여 생각할 수 있어야 합니다.

4. 분석 능력을 길러 두면 이 세상에 일어나는 여러 가지 일을 서로 관련지어 생각하는 힘이 생기게 됩니다.

- 한 가지 일에서 한 가지 생각만 하는 사람은 분석 능력이 뒤지는 사람입니다.
- 한 가지 일에서 다른 여러 가지 일을 관련지을 수 있는 사람은 분석 능력이 앞선 사람입니다.

시범활동 선생님의 시범 – 무엇으로 이루어져 있나를 밝히기

선생님께서 말씀하십니다.

"여러분, 분석의 첫걸음은 여러분이 표현하고자 하는 것이 무엇으로 이루어져 있는지를 생각해 보는 것입니다. 예를 들어 연필을 설명할 때, '연필은 나무 막대와 연필심과 꼬리 지우개로 이루어진 물건입니다.' 이렇게 분석한다는 것이지요."

어떤 물건을 설명하는 글을 쓸 때, 그 물건이 무엇으로 이루어져 있는 물건인지를 밝혀 주는 것만으로도 아주 좋은 설명이 된다는 것이지요.

선생님께서는 '우리 학교'를 설명하는 글을 쓰기 위해 먼저 우리 학교에 대한 생각을 모아 보도록 했습니다. 겉으로 잘 보이는 것보다는 안으로 숨어 있는 우리 학교의 모습을 마치 해부하듯이 드러낼 수 있도록, 우리 학교를 분석해 볼 것을 권했습니다. 아이들은 우리 학교를 분석해 보려고 머리를 짜내어 생각합니다.

생각의 기술을 익히고 가는 정거장

영철이는 다음과 같이 생각을 모아 보았습니다.

⭐ 영철이의 생각 모음

1) 우리 학교는 우리 집에서 약 2km 떨어져 있다.
2) 우리 학교는 2층 건물로 지었다.
3) 우리 학교는 전교생이 약 500명이다.
4) 우리 학교 운동장에는 포플러나무가 있다.
5) 우리 학교의 교훈은 '정직한 사람이 되자'이다.
6) 우리는 학교에서 열심히 공부도 하고 열심히 놀기도 한다.

선생님께서는 영철이의 생각 모은 것을 보시고 다음과 같이 말씀하십니다.

"우선 여러 가지 생각을 이끌어 내느라고 수고했다. 그러나 영철이가 모아 온 생각들은 눈에 보이는 우리 학교의 모습을 소개하는 데 머물러 있는 편이야. 그래서 선생님이 요구한 분석하기의 생각이 아직은 좀 모자라는 편이구나."

그리고 선생님의 생각 모은 것을 꺼내어 보여 주십니다.

⭐ 선생님의 생각 모음

1) 우리 학교는 교실, 운동장, 특별 교실 등으로 이루어져 있다.
2) 우리 학교는 6개 학년, 12개 학급으로 되어 있다.
3) 우리 학교는 선생님 16명, 어린이 약 500명, 직원 3명이다.
4) 우리 학교는 남학생 약 260명, 여학생 약 240명이다.
5) 우리 학교는 16개의 특별 활동반이 있는데, 그 중에서도 민속반과 태권도반은 아주 유명하다.

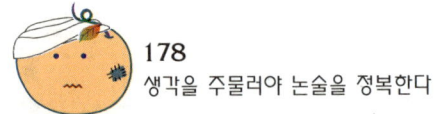

아버지의 시범-어떤 성격을 지니고 있는지 밝히기

아버지께서도 분석의 요령 하나를 가르쳐 주십니다. 그것은 자기가 분석하고자 하는 것이 어떤 성격을 가지고 있는지 찾아보라는 것이었습니다.

물론 이 때 찾아야 할 성격은 한 가지가 아니라 여러 가지면 더욱 좋습니다.

또한 사물의 성격은 원래 지니고 있는 자연적 성격이 있고, 사람들의 눈에 비친 대로 느끼는 주관적인 성격도 있습니다.

예를 들어 '소'라는 사물의 자연적 성격으로는 '풀을 먹고 산다.'라는 것이 있고, 사람들이 주관적으로 매겨 준 성격으로는 '인내심이 많다.' 같은 것들이 있습니다.

글을 쓰기 위해서는 그 소재가 지니고 있는 성격을 차분히 캐내어 보아야 합니다. 물론 위의 두 가지 관점에서 사물의 성격을 캐내는 것이 모두 필요합니다.

아버지께서는 소나무라는 소재를 분석적으로 설명해 볼 것을 제안하셨습니다. 그러기 위해서 우선 '소나무'의 성격을 하나하나 찾아 내어 정리해 보이십니다.

1) 소나무는 사시사철 늘 푸르다.
2) 소나무는 잎이 바늘처럼 되어 있다.
3) 소나무는 우리 나라의 산이나 들에서 흔히 볼 수 있다.
4) 소나무는 늙을수록 멋이 있다.
5) 소나무는 나무 껍질이 두꺼운 편이다.

논식이의 시범 – 어떤 순서로 되어 있는지 밝히기

이번에는 논식이가 '분석'에 관한 시범을 하나 보이기로 했습니다. 즉, 논식이가 분석해 보려고 하는 것은 주로 '이야기'에 관한 것입니다. 그러니까 읽은 이야기도 좋고, 들은 이야기도 좋고, 영화나 텔레비전에서 본 이야기도 좋습니다.

이야기를 분석하는 방법과 목적은 여러 가지가 있습니다. 여기서는 아주 간단하고 우선적인 것 하나만을 강조해 두겠습니다. 이야기를 명료하게 분석하기 위해서는 이야기의 내용 순서를 바로 찾아서 정리할 수 있는 능력이 상당히 중요합니다. 모든 이야기 분석은 이야기의 순서를 바로 정리하는 데서 시작되는 것이니까요.

이렇게 보면 이야기 분석의 첫 단계는 그다지 어렵지 않다는 것을 알 수 있습니다. 논식이가 분석하려고 하는 이야기는 누구나 다 알고 있는 '흥부전' 이야기입니다.

1) 흥부가 놀부에게 쫓겨남
2) 다리를 다친 흥부 집 제비를 흥부가 고쳐 줌
3) 이듬해 제비가 박씨를 흥부에게 물어다 줌
4) 박을 키워 톱으로 타 보니 금은 보화가 잔뜩 나옴
5) 놀부가 흥부를 흉내내어 제비 다리를 일부러 부러뜨림
6) 이듬해 제비가 박씨를 놀부에게 물어다 줌
7) 박을 키워 톱으로 타 보니 온갖 귀신과 재앙이 쏟아짐

이렇게 이야기 내용을 순서 있게 정리해 놓으면 일차적인 분석이 끝난 것이라 할 수 있습니다. 여기서 다시 인물의 성격을 분석한다든가 하는 이차적인 분석이 가능해집니다.

삼촌의 시범 – 원인과 결과의 관계를 밝히기

논식이의 분석 연습을 지켜보시던 삼촌께서 이렇게 말씀하십니다. 삼촌께서는 늘 한 단계 높은 글쓰기 과제를 생각하십니다.

" 논식아, 분석을 잘 하기란 끝이 없는 법이란다. 국제 정세를 잘 분석하여 전쟁을 미리 예방하는 사람들의 분석이란 대단한 것이지. 그뿐인가. 나라와 나라의 경제와 산업 상태를 잘 분석하여 무역에서 큰 성과를 올리게 하는 사람, 또 주식 시장의 움직임을 잘 분석하여 주식 투자를 하는 사람 등 모두가 분석하는 능력으로 전문가가 된 사람들이지."

"삼촌, 나는 아직 그런 분석은 못 해요."

"그래 알았어. 당장 하라는 게 아니야. '소나무'나 '학교'처럼 그 모양이 정해져 있는 것을 분석하는 데서 한 걸음 더 나아가 보자는 거지. 또 '흥부전' 이야기처럼 이미 우리가 눈으로 보고 읽을 수 있는 것 말고 직접 눈에 보이지 않는 것을 분석해 보자는 말이야."

"예를 들어서 설명해 주시겠어요?"

"좋았어. 이를테면 어떤 일과 다른 어떤 일 사이의 원인과 결과 관계를 분석해 내는 거야. 예를 들면 '컴퓨터 게임이 발달하는 것'과 '아이들의 놀이 습관' 사이에는 어떤 관계가 있는지를 살펴보는 분석을 해 보는 거란 말야."

"어! 그건 쉽지 않은데."

"그러니까 이건 아까 소나무나 학교에 대한 분석보다 더 많은 생각을 해야 하고, 평소에 세밀한 관찰과 공부를 해 두어야 하는 거야."

"글을 쓴다는 게 순전히 머리 속에서 생각 훈련하기구나. 하여간 그 문제를 삼촌이 좀 해 봐 주세요."

"무슨 문제?"

"삼촌이 예로 드신 문제말이에요. '컴퓨터 게임이 발달하는 것'과 '아이들의 놀이 습관' 사이에 어떤 관계가 있는지를 분석하는 것 말이에요."

"알았다. 삼촌의 생각, 즉 삼촌의 분석 내용을 잘 보아라."

〈컴퓨터 게임 발달과 아이들의 놀이 습관 사이의 관계〉

생각1. 컴퓨터 게임 발달이 아이들의 놀이 습관에 아주 큰 영향을 미친다. 이 두 사실 간의 관계는 원인과 결과 관계이다.

생각2. 컴퓨터 게임을 좋아하게 되면 여러 친구들과 어울려 노는 일에 별로 흥미를 가지지 못한다.

생각3. 컴퓨터 게임은 실내에서만 즐기게 되므로 대자연에 나아가 자연 속에서 노는 습관이 점차 줄어들게 된다.

생각4. 컴퓨터 게임은 두뇌 발달에는 좋지만 몸을 움직이면서 노는 것이 아니므로 신체 발달에는 해를 끼칠 수도 있다.

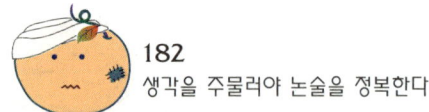

기초 문제1 다음 사물들이 무엇으로 이루어져 있는지 말해 보세요.

1) 우리 아파트
2) 컴퓨터
3) 학교에서의 수업
4) 농악놀이
5) 구름

분석의 시작은 사물을 이루는 요소들을 찾아 낼 수 있는 능력을 갖추는 것입니다. 따라서 분석하는 사람은 예리한 관찰력을 가지고 있어야 합니다. 분석의 힌트를 드리겠습니다.

1) **우리 아파트** : 아파트 내부를 어떻게 구분하여 설명할 것인지를 생각해 봅시다. 대체로 아파트 내부는 용도에 따라 공간이 나누어지지요.

2) **컴퓨터** : 컴퓨터를 분석적으로 설명하려면 입력하는 부분, 저장하는 부분, 보여 주는(출력하는) 부분 등으로 구분하여 설명하는 것이 좋겠지요.

3) **학교에서의 수업** : 이것을 분석적으로 설명해 내려면 어떤 방법이 좋을까요? 우선 과목별 수업 시간 수, 요일별 수업 시간 수 이런 것들이 필요하지 않을까요?

4) **농악놀이** : 어떤 악기들로 구성되어서 농악놀이가 이루어지는지에 초점을 두어 분석해 봅시다.

5) **구름** : 과학 시간에 배웠던 지식을 충분히 활용해 보세요. 구름의 성분이 무엇인지 밝히고, 그 성분이 어떤 상태로 되어 있는지 밝히면 되겠네요.

기초 문제2 다음에는 자전거 그림이 나와 있습니다. 이 자전거 그림을 잘 보고, 자전거 각 부분의 하는 일(기능)을 분석해 보세요. 그래서 자전거가 어떻게 앞으로 나아가는지를 설명해 보세요.

1. 자전거라는 전체 덩어리를 한꺼번에 설명할 수는 없습니다. 따라서, 자전거를 이루는 중요 부분들을 떼어서 생각해 보는 것이 좋습니다.
2. 중요 부분들을 떼어서 생각할 때는 각 부분들이 어떤 역할을 하는지를 설명하는 데 중점을 두도록 합시다.
3. 각 부분들의 설명을 순서대로 연결했을 때 자전거의 움직이는 순서가 되도록 합시다.

논식이의 자전거 분석

　자전거는 여러 부품으로 되어 있다. 크게는 세 부분으로 나누어 볼 수 있다. 첫째, 사람의 다리 힘을 처음 바퀴로 전하는 페달과 체인 부분이 있다. 둘째, 전해 받은 힘으로 굴러가는 바퀴 부분이 있다. 셋째, 나아가는 방향을 조절하는 핸들 부분이 있다.

> **기초 문제3** 우리 학급은 어떤 조직으로 되어 있습니까? 반장이 있고 부반장도 있지요? 그리고 학급의 일을 나누어 맡아서 해 나가는 부서에는 어떤 것들이 있습니까?
> 다음의 지시대로 생각해 보고, 글쓰기 훈련을 해 보세요.
> 1. 우리 학급의 기구와 조직을 표로 나타내어 봅시다.
> 2. 표로 나타낸 기구와 조직을 자료로 해서 우리 학급을 분석하는 글을 써 봅시다.

1. 당장 학급 부서의 조직표가 생각나지 않는다고요? 서두를 필요는 없습니다. 내일 학교에 가서 상세히 알아보면 되지 않겠습니까? 이처럼 글쓰기와 사고력 훈련은 평상시에 꾸준히 우리의 경험을 넓혀 나가고, 그것을 토대로 생각하고 표현하는 습관을 쌓아 나가는 것입니다.

2. 논순이 학급의 기구와 조직을 알아보았더니 다음과 같이 되어 있습니다. 학교나 학급마다 차이가 조금씩 있을지 모르겠군요. 논순이 학급의 경우를 소개해 보기로 합니다.

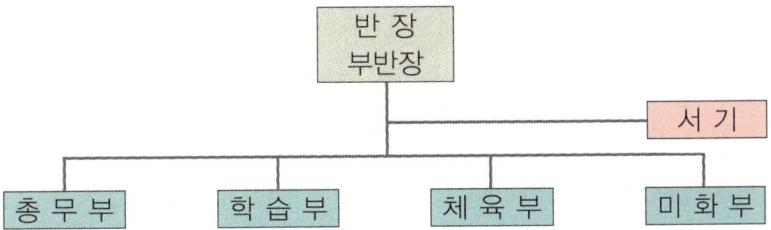

3. 이 기구표를 가지고 학급을 분석하는 글을 써 보라는 것입니다. 쓸 때는 우리 학급이 우리들 스스로의 힘으로 어떤 활동을 하며 어떻게 움직여 나가는지를 설명하는 데 중점을 두도록 해 보세요.

기초 문제4 다음의 일이 원인이 되어서 일어날 수 있는 결과에는 어떤 것들이 있을지 생각해 봅시다.

1) 남자 어린이의 수가 여자 어린이의 수보다 훨씬 많다.
2) 여름이 되어도 날씨가 덥지 않고 섭씨 20도의 봄 날씨처럼 따스하기만 하다.
3) 차가 많아져서 고속 도로가 항상 밀리고, 버스나 승용차가 정해진 시간에 도착하지 못한다.
4) 물가는 10% 올랐는데 아버지의 봉급은 5% 올랐다.
5) 서해안 대천 앞바다에 식인 상어가 나타나서 어부 한 사람이 죽었다.
6) 한국과 일본이 2002년 월드 컵 세계 축구 대회를 공동 개최하게 되었다.
7) 자동차 바퀴 가운데 오른쪽 바퀴가 왼쪽 바퀴에 비해서 바람이 약간 빠져 있다.
8) 그 할아버지는 젊어서부터 너무 오래도록 담배를 피워 왔다.

원인과 결과의 관계는 누가 보아도 인정할 수 있을 정도로 이치에 맞아야 합니다. 즉, 논리에 맞는 관계라야 합니다.

위의 내용들을 원인으로 봤을 때 생각해 볼 수 있는 결과는 참으로 여러 가지가 있을 것입니다.

1) 앞으로 결혼의 짝을 구하지 못하는 남자들이 생긴다.
2) 우선은 좋을지 모르지만 여름 농작물이 열매를 맺지 못한다.
3) 열차를 이용하려고 하는 사람이 더 많이 늘어난다.
4) 사실상 봉급이 5% 줄어들게 되어 그만큼 살기 어려워진다.
5) 올 여름 서해안 대천 해수욕장에는 피서객이 줄어든다.
6) 한국과 일본이 서로 협조적으로 일을 하게 된다.
7) 차가 오른쪽으로 심하게 기울어져 오른쪽으로 벗어나게 된다.
8) 할아버지의 호흡 기관은 건강하지 못할 가능성이 많다.

발전활동

<발전활동1>

다음 글을 잘 읽어 보세요.

글쓴이는 군데군데 '분석'의 방법으로 자기의 생각을 표현하고 있습니다. 글쓴이가 '분석'의 방법으로 표현한 대목이 어디어디인지를 지적해 봅시다. 그리고 그 '분석'이 잘 된 분석인지 잘못된 분석인지 판단해 봅시다.

'80일 간의 세계 일주'를 읽고

'80일 간의 세계 일주'는 제목부터가 재미있다는 느낌으로 나를 끌어들였다. 이 책의 줄거리를 간단히 간추리자면 런던의 '포그'라는 신사가 80일 동안의 시간을 갖은 경험을 하면서 세계 일주에 바친다는 내용이다.

요즘같이 교통이 편리한 시대에는 가능한 일이지만, 그 당시에는 불가능한 일이었다. 하지만 포그 씨는 해내고 만다. 계획대로 되지 않은 경우도 있었지만, 그 때마다 모든 어려움을 이겨 내었다.

특히 내가 감동받은 부분은 급한 상황에서도 '이우다'라는 여인을 구출하는 부분이었다. 자칫 잘못하면 포그 씨는 목숨을 잃을 수도 있었던 것이다. 요즘 대부분의 어른들은 자신이 어려울 때는 야단법석을 떨면서도 남의 일에는 무관심한데 포그 씨는 정말로 모범이 될 만한 사람 같다.

포그 씨가 80일 동안에 세계 일주를 마칠 수 있었던 것은 그의 철저한 시간 관념, 즉 시간을 헛되이 보내지 않는 태도, 그리고 한 번 마음먹은 일은 꼭 해내고야 마는 성격 때문이 아닌가 생각된다.

내가 어른이 되면 포그 씨와 같은 사람이 되어 나보다 다른 사람을 먼저 생각하고, 계획한 일은 꼭 해내도록 노력하겠다.

---

1. 이 글은 독후감이군요. 과학적 내용을 다루는 딱딱한 논술

에만 '분석'의 방법이 사용된다는 법은 없습니다.

2. 이 글에도 분석의 자취가 여러 군데 엿보입니다. 어떤 부분은 딱 잘라서 '이것이 분석이다.'라고 단정하기가 좀 어려운 부분도 있지만, 글쓴이는 그 나름대로 대상을 분석하려 하고 있는 것입니다.

　이제 하나하나 살펴보기로 합시다.

1) 먼저 이 글을 쓴 사람은 자기가 읽었던 '80일 간의 세계 일주'라는 책을 분석하고 있습니다. 책의 내용을 간단히 간추린 것이 바로 분석에 해당합니다. 그러나 이야기 줄거리를 간추리는 것은 본격적인 분석이라기보다는 그냥 내용을 있는 그대로 요약하여 설명한 것이라고 할 수 있습니다.

2) 포그 씨의 세계 일주가 매우 어려운 일이었다는 것을 분석적으로 설명하고 있습니다. 그 구체적인 부분이 바로 요즘같이 교통이 편리한 시대가 아니라는 점을 독자에게 상상하게 하는 대목입니다. 그렇게 함으로써 그 여행이 얼마나 어려웠던가를 상세하게 보여 주려 하는 것입니다.

3) 이 글에서 글쓴이의 분석이 가장 잘 드러난 부분은 포그 씨의 성격을 착실하게 잘 살핀 대목이라 할 수 있습니다. '철저한 시간 관념, 한번 마음먹은 일은 꼭 해내고야 마는 성격, 남의 일에 무관심하지 아니한 성격' 등은 글쓴이가 작품을 읽고 그 속에서 분석해 낸 주인공의 성격입니다.

<발전활동2>

다음 이야기에 나오는 노인의 생각과 사람됨을 분석하여 보세요. 그리고 이 노인에게서 우리가 본받아야 할 점이 있다면 그것이 무엇인지 밝혀 보세요.

─── 나무 심는 노인 ───

한 노인이 뜰에다 사과나무의 묘목을 심고 있었습니다. 지나가던 나그네가 그것을 보고 노인에게 물었습니다.
"노인께서는 그 나무에 열매가 언제쯤 달릴 거라고 생각하십니까?"
"한 오십 년쯤 지나면 달리겠지."
나그네가 웃으며 말했습니다.
"노인께서 그 때까지 사실 수 있을까요?"
이 말에 노인은 이마의 땀을 닦으며 대답했습니다.
"내가 태어났을 때 우리 집 과수원에는 과일이 많이 달렸었네. 그것은 내가 태어나기 수십 년 전에 우리 할아버지께서 나의 아버지를 위해 심어 주신 것이었다네. 나의 아버지도 나를 위해 나무를 심어 주셨다네. 이제 나도 아버지와 똑같은 일을 하는 걸세."

자, 이 노인의 성격을 어떻게 이해해야 할까요? 우선 이 글에 나타난 노인의 말과 행동을 분석해 봅시다.

1) "한 오십 년쯤 지나면 달리겠지." ➡ 당장 결과가 나타나는 일에만 급급하지 않고 길게 내다보는 안목이 있음.

2) "나의 아버지도 나를 위해 나무를 심어 주셨다네. 이제 나도 아버지와 똑같은 일을 하는 걸세." ➡ 후손들의 잘 사는 미래를 위해서 작은 힘이나마 꾸준히 아끼지 않는 마음이 잘 나타나 있음. 또, 조상들의 정신과 전통을 이어받는 자세도 있음.

논술로 나아가기

우리가 살아가는 이 지구상에는 많은 생물들이 있습니다. 이들 생물들의 살아가는 모습들을 잘 분석해 보십시오. 그리고 그 분석의 결과를 가지고 '지구 위의 모든 생물들은 공생 관계에 있다.'는 것을 주장해 보십시오.

이 글을 쓰기 위해서 여러분이 과학 시간이나 사회 시간에 배운 다음과 같은 지식들을 적절히 활용해 보시기 바랍니다.

1) 식물이 자라기 위해서는 태양과 토양과 물이 필요하다.
2) 동물들 가운데는 초식 동물도 있고 육식 동물도 있다.
3) 동물은 죽으면 그 몸이 썩는다.
4) 흙 속에는 많은 미생물들이 있고, 이 미생물들은 식물의 성장을 돕는다.
5) 동물의 배설물에는 비료 성분이 있다.
6) 공생이란 종류가 다른 생물들이 서로 의지하면서 아주 가까운 관계를 맺고 살아가는 상태를 말한다. 그러나 단순히 같은 장소에서 산다는 것만으로는 공생이라고 할 수 없다. 먹이사슬로 연결되어 살고 있는 모든 생물들이 서로 먹이를 주고받는 관계에 있을 때 비로소 공생을 하는 셈이 된다.

1. 공생의 뜻이 무엇인지를 다시 한 번 잘 확인해 두기 바랍니다. '먹이사슬로 연결되어 서로 먹이를 주고받는, 서로 먹이가 되어 버리는 관계에 있을 때 비로소 공생을 하는 셈이다.' 이 말을 잘 활용해야 합니다.
2. 지구상의 생물들이 결국 같은 먹이사슬 속에 들어 있다는 것을 소상히 분석하여 밝히면 이 논술은 성공적인 논술이 됩니다. 그러고 보니 '먹이사슬'이란 말의 뜻을 분명히 알아야만 이 논술을 제대로 쓸 수 있겠네요.

✽ 먹이사슬: 생물들이 먹거나 먹히거나 하는 관계로 연결된 것을 먹이사슬이라 한다. 에너지나 물 등은 이 연결 속을 흘러간다.

모범 논술

물은 태양 에너지를 이용해서 식물을 자라게 한다. 식물은 먹이가 되어 동물을 자라게 하고, 동물은 배설물(대소변)이나 시체로 흙 속에 사는 미생물을 키운다.

미생물은 직접 작은 동물의 먹이가 되기도 하지만, 배설물을 비료로 만들어 식물의 자람을 돕는 데 큰 역할을 한다. 그리하여 이 먹이사슬은 지구에 있는 모든 생물들 사이에서 하나의 순환 과정을 이루어 왔다.

이 세상에 태어난 모든 생물은 다른 생물과 연결되어 있다. 한 마디로 말해 '공생'을 하고 있는 것이다.

'공생'이란 종류가 다른 생물들이 서로 의지하면서 아주 가까운 관계를 맺고 살아가는 상태를 말한다. 그러나 단순히 같은 장소에서 산다는 것만으로는 공생이라고 할 수 없다. 먹이사슬로 연결되어 살고 있는 모든 생물들이 서로 먹이를 주고받는 관계에 있을 때 비로소 공생을 하는 셈이 된다.

생물체는 모두 몸 안에 물을 갖고 있으며, 물을 몸에 들여오거나 또 몸 밖으로 내보내며 살고 있다.

물은 쉬지 않고 몸 안을 돌면서 생물체에 필요한 물질이나 열(에너지) 등을 몸의 구석구석에까지 날라다 주는 것이다. 이러한 물의 운반 작용은 죽을 때까지 계속된다. 즉, 물은 공평하게도 생태계에서 모든 생물들이 함께 나눠 갖는 물질인 셈이다.

여러 생물이 어울려 살아나가는 생태계는 그 안에서 공생하고 있는 생물의 종족 종류가 여러 가지일수록 좋다. 종족의 수가 적으면 먹이사슬이 보잘것 없게 되기 때문이다.

지구의 모든 생물은 생태계 먹이사슬을 통해 서로 어우러져 공생의 삶을 누려 왔다.

지구의 모든 생물은 공생하는 관계에 있으므로, 모두가 공동 운명체인 셈이 된다.

생태계의 공생은 물과 태양이 있기 때문에 이루어지고 있다. 모든 생물이 함께 나누어 쓰고 있는 물의 중요성을 우리는 깊이 깨달아야 한다.

우리는 물을 소중히 여기고 지켜야 할 의무를 갖는다. 물을 깨끗하게 보전하여 모든 생물들이 살아나갈 권리를 보호해 주어야 할 것이다.

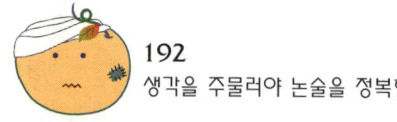

도움말 … 전문적인 지식이 동원되고 글의 분량도 많아서 여러분이 이런 수준으로 쓰기는 만만치 않을 거예요. 그러나 곧 이런 정도의 글을 읽고 쓰는 일에 다가서게 될 거예요. 이 글은 분석 능력이 발휘된 좋은 논술로서 모범이 되는 글입니다. 잘 읽어서 글쓰기의 특징을 익혀 보도록 합시다.

추리의 세계

원리 설명

'추리하기'란 무엇인가요?

이 세상에는 무수히 많은 일들이 벌어집니다. 또, 이 세상에는 무수히 많은 사실들이 있습니다. 이러한 많은 일들과, 이렇게 많은 사실들을 어떻게 다 알 수 있을까요?

우리가 볼 수 있는 이 세상의 일들은 아주 일부분에 지나지 않습니다. 우리는 이 세상의 모든 일들을 모두 직접 겪어 보고 알 수 있는 것은 아닙니다. 또, 우리는 이 세상의 모든 책들을 다 읽어 낼 수도 없습니다.

그러니까 우리가 확실히 아는 것은, 우리가 직접 본 것, 들은 것, 읽은 것, 그리고 우리가 직접 겪은 것뿐입니다.

그러나 정말 그럴까요?

정말 우리는 우리가 직접 읽고, 듣고, 보고, 겪은 일 외에는 알 수 있는 능력이 없을까요? 정말 그럴까요?

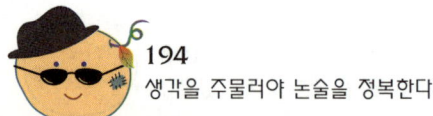

그런데 그렇지만은 않습니다.

사람에게는 이미 있었던 일, 이미 알고 있는 것, 또는 이미 겪었던 일들을 통해서 앞으로의 일을 생각해 내는 힘이 있답니다. 이미 있었던 일에 대해서 잘 생각해 봄으로써 아직 일어나지 아니한 일까지도 미루어 알 수 있다는 것입니다. 이미 알고 있는 사실들을 잘 생각해 봄으로써 이전에 몰랐던 사실까지도 미루어 짐작할 수 있는 힘이 있다는 것입니다. 그러니 인간의 생각하는 힘이란 것이 얼마나 위대합니까?

이렇게 이미 알고 있는 사실이나 이미 겪어 보았던 사실을 바탕으로, 새로운 것을 알아 내는 것을 '추리하기'라고 합니다. 이제 여기서는 여러분의 추리력을 길러 보기로 합니다.

글쓰기에서 추리하기는 왜 중요한가?

1. 아는 사실로써 모르는 사실까지 미루어 알 수 있다.

- 여러분이 알고 있는 사실에서부터 추리가 시작됩니다. 따라서 많이 알고 있는 사람이 더 왕성한 추리를 할 수 있는 것입니다.

2. 모든 것을 이치에 맞게 생각할 수 있다.

- 이치에 맞게 생각하려면 누구나 인정하는 사실들을 토대로 추리해 나가야 합니다.

3. 자기 주장의 논리를 세울 수 있다.

- '숙제를 적게 내어 줍시다'라는 주장을 하려 합니다. 이 주장이 설득력을 얻으려면 어떤 논리가 필요할까요?

4. 잘못된 것을 조리 있게 비판할 수 있다.

- 차분한 추리에 의해서 조리 있게 비판하는 태도가 상대방에게 어떤 효과를 줄 수 있다고 생각합니까?

5. 일어날 일을 예측하거나 해결할 수 있다.

- 내가 알고 있는 지식을 바탕으로 추리하여 자연 현상을 예측해 봅시다.

6. 보이지 않는 세계에 대해 무한한 상상력을 기를 수 있다.

- 터무니없는 몽상보다는 차분한 추리를 토대로 해서 살아 있는 상상력을 키워 봅시다.

시범활동 선생님의 시범-추리하기의 원칙1

선생님께서는 추리하기의 원칙 가운데 중요한 것 한 가지를 말씀해 주십니다. '추리'란 이미 잘 알려진 사실에서 출발하여 숨겨져 있는 어떤 사실까지를 알아 내는 생각의 과정을 말합니다.

그렇다면 먼저 올바른 사실에서부터 생각이 출발되어야 합니다. 이것은 마치 탐정이 잘못된 증거에서 출발하면 엉뚱한 사람을 범인으로 지목하게 되는 것과 같은 이치입니다.

선생님이 강조하시는 추리하기의 첫번째 원칙!!

● **원칙 1** 올바른 사실에서부터 생각이 출발해야 한다.

❖ 위의 그림을 잘 보세요.

무엇이 잘못되었기 때문에 생각이 엉뚱한 결과로 흘러갔나요?

생각의 기술을 익히고 가는 정거장

올바른 사실에서부터 출발하지 아니하면 그 추리는 엉뚱한 결론으로 흘러가 버리고 맙니다. 이 그림의 주인공은 어떤 잘못을 하고 있습니까?

'물은 섭씨 0도에서 얼게 된다.'는 것은 올바른 사실입니까? 그릇된 사실입니까? 물론 올바른 사실이지요. 바로 이 사실을 그림의 주인공은 제대로 알지 못하고 있습니다. 즉, 이 사람은 '물은 섭씨 5도에서 얼게 된다.'고 잘못 알고 있는 것입니다.

이렇게 잘못된 사실을 토대로 해서 생각을 출발했다고 합시다. 그렇게 해서 얼음과 물의 성질을 추리해 나간다면 그 추리는 정확한 추리가 될 수 없습니다.

만약 이렇게 잘못된 사실을 바탕으로 생각을 전개해서, 이것을 일기 예보에 적용시키는 데까지 추리한다면 아마도 눈이 온다고 예보했지만 실제로는 비가 오게 되는 경우가 생기겠죠? 얼음이 두껍게 얼 것이라고 예보하게 되겠지요? 그러나 막상 강이나 호수에는 스케이트를 타러 나온 사람들이 그냥 돌아가야 하는 사태가 벌어지고 말 것입니다.

그 밖에도 잘못된 사실에서 출발하면 잘못된 추리가 일어나게 되는 예는 얼마든지 있습니다.

그런 예를 각자 찾아서 적어 봅시다.

1. _____
2. _____
3. _____

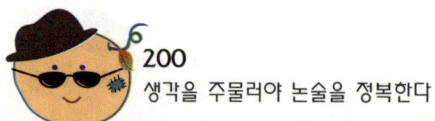

아버지의 시범 - 추리하기의 원칙 2

앞에서 배운 선생님의 시범 내용을 한번 요약해 볼까요? 그렇지요. "추리의 기본 자료가 되는 사실이 실제로 맞는 것인지 틀린 것인지를 알아보라." 이것이 선생님께서 강조하신 추리하기의 원칙이었습니다.

자, 이제는 좀더 본격적인 추리하기의 원칙으로 들어가 볼까요?

이번에는 아버지께서 강조하시는 추리하기의 원칙을 잘 들어 보기로 합시다.

추리하기란 이미 잘 알려진 사실에서 출발해서 숨겨져 있는 어떤 사실까지를 알아 내는 생각의 과정이라고 한 말이 생각나는지요? 그러니까 추리하기가 제대로 잘 되려면 사실과 사실들 사이의 관계를 이치에 맞게 생각해야 합니다.

아무리 모아 놓은 사실들이 올바르고 타당한 것들이라 하더라도, 그 사실들 간의 관계를 이치에 어긋나게 생각한다면, 그러한 추리로는 바른 결론을 이끌어 내기 힘든 것입니다.

아버지가 강조하시는 추리하기의 두 번째 원칙!!

● **원칙2** 사실과 사실들 사이의 관계를 이치에 맞게 생각해 나가야 한다.

앞의 그림들을 잘 보세요.

'추리하기'란 뗏목을 엮어서 강물에 띄워 타고 내려가는 것과 같다고 할 수 있습니다.

잘못된 사실들을 토대로 추리하는 것은 썩은 목재로 뗏목을 엮는 것과 같습니다. 추리의 자료가 되는 사실들이 거짓 사실들이면 추리의 결과도 쓸모 없는 것이 되고 맙니다.

또, 목재가 단단하고 충실하다고 하여도 그 목재를 엮는 방법이 잘못되면 뗏목은 제 구실을 할 수가 없습니다. 그래서 올바른 사실들이 있다 하여도, 그 사실들 사이의 관계가 이치에 맞지 않으면 제대로 된 추리하기가 이루어질 수 없는 것입니다.

● 추리하기 예제

아버지께서는 이번에 아주 구체적인 추리하기 문제를 주셨습니다. 그것은 다음 네 가지 사실(자료)을 가지고 어떤 사실을 추리해 보라는 것이었습니다.

> 1. 중국의 공업 지대는 주로 황하 하구의 도시에서 발달되었다.
> 2. 황하는 황해(서해)로 흘러든다.
> 3. 우리 나라는 겨울 한 철 동안에 북서풍의 계절풍이 분다.
> 4. 공장 지대에는 환경 오염이 발생한다.

물론 아버지께서 알려 주신 사실들은 그 자체가 잘못되었다거나 거짓된 것은 없습니다. 그러니까 우리들은 마음놓고 이 네 가지 사실들의 관계를 잘 헤아려 보면서, 어떤 새로운 숨겨진 사실 하나를 찾아 낼 수 있어야 합니다.

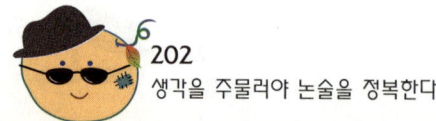

논순이의 추리

중국의 공업 지대가 주로 황하 하구에만 있기 때문에 다른 지역 사람들은 공장에 취직해서 돈을 벌기가 어려울 것이다. 그래서 그들 중에는 황하가 황해로 흘러들어가는 것을 알고 황하 하구로 몰래 도망쳐 나오는 사람도 있을 것이다.

겨울에는 북서풍의 바람이 한국 쪽으로 불기 때문에 황하 하구 쪽으로 몰려들기가 더 쉬울 것이다.

공업 지대에는 공장이 많고, 따라서 대기 오염이나 수질 오염 등이 일어나기 쉽다.

생각해 보기

1. 논순이의 추리가 잘 된 부분은 어디입니까?
2. 논순이의 추리가 잘못된 부분은 어디입니까?
3. 논순이는 주어진 네 개의 자료를 서로 관련 있게 잘 엮어서 추리했습니까?
4. 논순이는 어떤 새로운 사실을 마침내 찾아 내었습니까?

논순이의 추리 평가하기

1. 다른 지역의 사람들이 돈을 잘 벌 수 있는지 없는지를 추리하기가 쉽지 않습니다. 논순이처럼 다른 지역 사람들은 다 돈을 못 번다고 생각할 수는 없습니다.
2. 황하가 황해로 흘러들어가는 것과 황하 하구로 몰래 도망쳐 나오는 사람이 있다는 것은 무슨 관계가 있는지요? 억지로 관계를 맺게 한 인상을 줍니다.
3. 또, 북서풍이 한국 쪽으로 겨울에 분다는 것과 황하 하구 쪽으로 사람들이 몰려들기 쉽다는 것은 서로 어떤 관계가 있는지 분명치 않습니다.

4. 공해 문제가 생긴다는 사실(4번 항목)을 다른 항목들과 연결해서 추리하는 노력이 부족했습니다.
5. 그래서 논순이의 추리는 설득력이 약합니다.

논식이의 추리

황하 하구는 공업 지대가 발달했으므로 그 곳은 많은 사람들이 모여들어 인구가 많이 늘어나고 도시가 발달하였다. 황하는 황해로 흘러들기 때문에 황하 하구의 사람들은 자연히 황해로 진출하였다.

따라서 어업이 발달하고 해운업도 발달하게 되었다. 특히, 우리 나라는 겨울 한 철 동안 중국 쪽에서 바람이 불어오기 때문에 황사 현상, 즉 중국 화북 지방의 황토 먼지가 많이 날아온다.

공업 지대의 오염된 공기도 우리 나라로 날아올 수 있다는 것을 잘 알아야 한다.

생각해 보기

1. 논식이의 추리가 잘 된 부분은 어디입니까?
2. 논식이의 추리가 잘못된 부분은 어디입니까?
3. 논식이는 주어진 세 개의 자료를 서로 관련 있게 잘 엮어서 추리했습니까?
4. 논식이는 마침내 어떤 새로운 사실을 찾아 내었습니까?

〈누구의 추리가 더 나은지 평가해 봅시다.〉

논식이의 추리 평가하기

1. 황하 하구가 공업 지대로 발달하여 많은 사람들이 모여들어서 인구가 늘어나고 도시가 발달했다는 추리는 잘

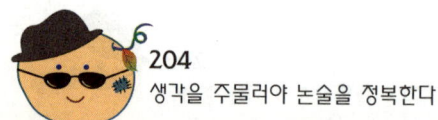

이루어진 추리입니다. 그런데 논식이의 추리가 여기서 더 나아가지 못하고 있습니다.
2. 황하가 황해로 흘러들기 때문에 어업이 발달하고 해운업도 발달하게 되었다는 추리는 그럴듯하기도 하지만, 꼭 그렇지만은 않을 수도 있다는 생각이 드는군요. 너무 비약된 추리가 아닌지 다시 생각해 봅시다.
3. 또 겨울에 북서풍이 한국 쪽으로 분다는 것과, 중국의 황토 먼지가 바람에 실려 온다는 황사 현상을 연결지어서 생각한 것도 훌륭한 추리입니다.
4. 황사가 날아오는 현상을 참고로 해서 황하 하구의 공업 지대 공장에서 배출되는 공해가 우리 나라에 밀려오게 된다는 데까지 추리를 한 것은 매우 뛰어난 추리 능력이라 할 수 있습니다.

자, 논식이와 논순이의 추리하기에서 나타난 훌륭한 점과 부족한 점을 모두 정리할 수 있겠지요? 그러면 아버지께서 모범을 보이시면서 추리하신 '시범 추리하기'의 내용을 보도록 합시다.
잘 된 추리하기의 묘미를 맛보도록 하세요.

아버지의 시범 추리

황하 하구에 있는 중국의 공업 지대에는 공장들이 많을 것이다. 이 공장들에서 발생하는 환경 오염은 굉장히 심할 것으로 보인다.
이들 공장에서 나오는 공장 폐수는 황하로 흘러가서 마침내 황해를 오염시키게 될 것이다.

우리 나라에서도 공장 폐수를 낙동강에 흘려 보내서 강을 오염시킨 일이 있고, 경기도 서해안 시화호에 가득 찬 공장 폐수가 바다로 흘러들어가 바다가 오염될까 걱정이라고 한다.

잘 알다시피 황해는 우리 나라의 서쪽에 맞닿아 있는 바다이다. 황해가 오염되면 중국도 피해를 보게 되지만 우리 나라의 피해가 더 심각하다고 할 수 있다.

겨울 한 철 동안 불어오는 북서풍은 대개 중국 쪽에서 한국 쪽으로 부는 바람이 된다(우리 나라의 북서쪽에서 불어오는 바람이므로).

황사 현상처럼 중국에서 생긴 온갖 공해 먼지들이 다 실려 올 것이다. 물론 공장 지대의 오염된 공기도 북서풍을 타고 우리 나라로 흘러들게 될 것이다.

아버지의 추리 살펴보기

1. 아버지의 추리를 간략하게 간추려 봅시다.
2. 이치에 맞게 생각이 이루어진 부분을 지적해 봅시다.
3. 이 추리의 마지막 결론을 다시 한 번 확인해 봅시다.

삼촌의 시범 – 추리하기의 원칙 3

삼촌께서는 추리하기의 원칙으로 한 가지를 더 강조하십니다. 삼촌께서는 다음과 같이 말씀하셨습니다.

"추리한다는 것이 무엇이겠니? 적절한 예를 들어 보기로 할까? 음, 그러니까 범인을 찾는 과정이 추리하기에 해당하는 것이라고 할 수 있지.

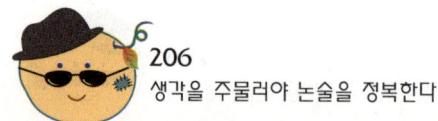

먼저 범인을 찾는 단서로서 어떤 증거가 될 만한 사실들을 찾아서 모아 보아야겠지. 그렇게 한 다음에는 이들 증거들을 잘 연결지어서 누가 범인이라는 것을 확실히 맞추어 내야만 하는 거지."

"증거가 될 만한 사실들을 그냥 모으기만 하면 되나요?"

내가 궁금해서 질문을 했습니다. 삼촌은 매우 훌륭한 질문이라고 칭찬하시면서 곧 대답을 해 주셨습니다.

"아주 좋은 질문이구나. 그런데 증거를 모으기만 해서는 범인을 확실히 알아 낼 수 없지. 그 증거를 가지고 추리를 해야 하는 거야. 그 증거를 가지고 이런 가능성, 저런 가능성을 요모조모로 꾸준히 생각하고 따져 보아야 하는 것이지. 그게 바로 추리하기야. 그럴 때는 평상시의 상식이나 경험 등을 총동원해야 한다."

그러시면서 삼촌께서는 아주 구체적인 추리하기의 문제를 하나 제시해 주셨습니다.

⭐ 삼촌이 주신 문제

어느 날 내가 길을 가고 있는데, 맞은편에서 손수레를 끌고 오는 어른과 아이를 만났단다. 그 손수레에는 배추와 무가 가득 실려 있었다. 길이 제법 경사가 져 있어서 마흔 살 가까이 된 어른은 앞에서 손수레를 당겨 끌고, 열한두 살쯤 된 아이는 뒤에서 수레를 밀어 올리고 있었다.

손수레가 마침 내 곁을 막 지나가고 있는 참이었단다. 너무 힘들어하는 것 같아서 나도 뒤에서 밀어 주었단다. 얼마 뒤 언덕빼기에서 잠시 멈추었을 때 내가 앞에 있는 어른에게 물어 보았단다.

"뒤에서 밀고 있는 이 아이가 아들입니까?"

"예, 맞습니다. 우리 집 큰아들이지요."

나는 다시 뒤에서 수레를 밀던 아이에게 물어 보았지.

"얘야, 앞에서 수레를 끌고 있는 저분이 너의 아버지시냐?"

그랬더니 이녀석이 이렇게 대답하는 거야.

"아뇨, 저분은 제 아버지가 아닙니다."

이게 어떻게 된 일일까? 물론 이 문제는 요즘 유행하는 넌센스 퀴즈처럼 터무니없는 우스개 답을 둘러대는 그런 문제는 아니란다. 일단 이 이야기에 나오는 두 사람의 말이 거짓이 아니라는 것은 확실하다. 바로 이 점을 전제로 해서 이 두 사람의 관계를 정확하게 추리해 보기 바란다.

삼촌이 낸 추리하기 문제를 논식이와 논순이는 어떻게 생각하고 처리했을까요? 여러분 각자의 추리하기 내용과 견주어 보면서 잘 살펴보도록 하세요.

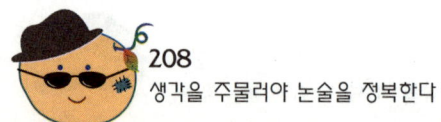

🔵 논식이의 추리

두 사람의 말 자체는 거짓이 아니라고 했으므로, 이 상황을 요약해 보면 다음과 같다. 아버지는 아들을 인정하는데, 아들은 아버지라고 인정하지 아니한다. 어떤 경우에 그러한 일이 벌어질까?

아마도 앞의 아버지가 뒤의 아이를 낳은 진짜 아버지가 아닐지도 모른다. 맞아! 어머니가 재혼함으로 해서 그 자녀가 새롭게 맞이하게 되는 아버지, 즉 의붓아버지일 수도 있어. 의붓아버지일 경우, 아버지는 누가 물으면 자기 아들이라고 하겠지만, 열한두 살쯤 먹은 아이는 갑자기 생긴 의붓아버지를 쉽게 아버지로 인정하지 않을 수도 있지. 암 그렇고말고.

따라서 두 사람의 관계는 의붓아버지와 아들의 관계이다.

✏️ 논식이의 추리 평가하기

제법 그럴듯하게 추리했습니다. 아버지는 아들을 아들로서 인정하려 하는데 아들은 아버지를 인정하려 들지 않는다는 점에 착안하여 추리를 전개시켜 나갔습니다. 더 그럴듯한 추리는 없을까요?

논순이의 추리

두 사람의 말 자체는 거짓이 아니라는 점이 이 추리의 대전제이므로 이를 무시해서는 안 되겠지. 먼저 주어진 이야기를 더 꼼꼼히 살펴보아야겠네. 등장하는 인물에 대한 묘사, 그들의 말, 행동 등이 모두 추리하기의 중요한 증거가 되는 것이니까 말이야.

음— 이 이야기를 잘 검토해 보니까 등장 인물이 반드시 아버지와 아들이 되어야 하는 건 아닌 거 같아.

우선 등장하는 두 사람을 어떻게 설명하고 있느냐 하면, '마흔 살 가까이 된 어른'과 '열한두 살쯤 된 아이'로 되어 있단 말이야. 그러니까 '마흔 살 가까이 된 어른'이 남자인지 여자인지 불분명해. 그러면서 '열한두 살쯤 된 아이'를 자기의 아들이라고 말하고 있단 말이지. 바로 이 점이 아주 중요해. 아버지가 아니면서 아들을 아들이라고 할 수 있는 사람은 어떤 사람일까? 맞아! 어머니다.

따라서 두 사람의 관계는 어머니와 아들의 관계이다.

논순이의 추리 평가하기

빈틈없이 이루어진 추리이지요. 평소의 상식이나 경험을 무시하지 않고 추리하기 과정에 동원하였습니다. 무엇보다 주어진 이야기를 아주 꼼꼼하게 따져 본 점이 아주 훌륭했어요.

삼촌께서 강조하시는 추리하기의 세 번째 원칙!!

● **원칙3** 평소에 알고 있는 상식이나 경험을 적절하게 동원해서 추리하기에 활용해야 한다.

발전활동

<발전활동1>

달걀을 깨지 않고 날달걀과 삶은 달걀을 구분하는 방법을 찾아 내려 합니다. 다음에 제시된 생활 상식을 토대로 날달걀과 삶은 달걀의 구분 방법을 추리하여 보세요. 그리고 추리한 내용을 글로 적어 봅시다.

> 1. 날달걀의 내용물은 액체이다.
> 2. 삶은 달걀의 내용물은 고체이다.
> 3. 액체에는 빛이 통과한다.
> 4. 고체에는 빛이 통과하지 못한다.

주어진 내용을 가지고 조금만 추리해 보면 별 어려움 없이 누구나 구분법을 찾을 수 있습니다. 먼저 추리해 보고 난 뒤에 실제로 실험을 통해 확인하도록 합시다.

모범 추리

이 문제를 추리하는 데는 무엇보다도 날달걀의 내용물이 액체라는 사실과 삶은 달걀의 내용물이 고체라는 사실이 중요할 것이다. 달걀 껍데기는 같아도 달걀 내용물의 성질이 이렇게 다르다는 데서 구분법의 단서를 찾을 수 있기 때문이다.

또, 중요한 한 가지는 빛이 고체와 액체를 통과할 때 차이를 보인다는 점이다. 이 두 가지 사실을 묶어서 추리해 보면 된다.

그러니까 달걀을 손으로 잡고 햇빛이나 다른 밝은 빛에 비춰 보았을 때 삶은 달걀은 어둡게 보이고, 날달걀은 밝게 보일 것이다.

<발전활동2>

다음 이야기를 읽고, 누가 진짜 소 임자이고 누가 가짜 소 임자인지 알아 낼 수 있는 방법을 말해 봅시다.

> 농부 두 사람이 장터 한복판에서 소 한 마리를 사이에 두고서 서로 싸우고 있었습니다. 그 중 한 사람이 둘러선 사람들에게 이렇게 호소했습니다.
>
> "저는 남문 30리 밖 산골 마을에 사는 김 서방입니다. 오늘 이른 아침 풀을 잔뜩 뜯어 소에게 먹이고서는, 이 소를 팔러 시장에 나왔습니다. 그런데 음식점에 들러서 점심 한 그릇을 먹는 사이에, 매어 둔 이 소를 저 양반이 끌고 가지 뭡니까."
>
> 그랬더니 수염이 텁수룩한 다른 농부가 딱하다는 듯이 호소했습니다.
>
> "저는 북문 30리 밖 큰들 마을에 사는 박 서방입니다. 아, 저도 오늘 소를 팔려고 아침 일찍 보릿단 여물을 삶아 소에게 먹이고 시장에 온 것입니다. 내가 배가 고파서 저기 저 식당에서 점심 한 그릇 먹고 제 소를 몰고 나오는데, 아 저 양반이 한사코 자기 소라면서 억지를 부리는구먼요."
>
>

참으로 묘한 상황이지요. 두 농부가 사람들에게 호소하는 내용에서 진짜 주인을 구분할 수 있는 방법을 찾아야겠지요. 문제는 두 농부 가운데 어느 농부가 거짓말을 하고 있는지 알아 내는 데 있는데요. 잘 생각해 보세요.

모범 추리

거짓말하는 농부를 찾아 내는 데 초점을 두고 이 문제를 추리해 나가도록 해야 한다. 아침에 먹인 소의 사료가 각기 다르다는 데에 착안한다. 먹은 음식을 토하게 하는 약을 소에게 먹여서, 소가 아침에 먹은 것이 풀인지 보릿단 여물인지를 확인하면 된다.

여러분, 이제 논술의 바다가 보이는 곳에 도달했어요.

이 책의 첫머리에서는 잠들어 있던 우리의 머리를 반짝이며 깨어나게 했었어요. 쓰지 않고 팽개쳐 두었던 생각의 능력을 일깨웠지요. 이야기마다, 사건마다, 생각의 샘을 파고 생각의 날개를 달아 마음껏 날아 보았지요.

논술의 바다에 뛰어들어라

이 책의 2부에서는 제법 세련되게 생각하는 기술을 배웠어요. 우리의 지식, 생각, 느낌 등을 질서 있게 정리하고 표현하는 훈련을 한 거지요. 그러니까 논술의 도를 깨치기 위한 연마의 과정이었다고나 할까요?

그런 훈련의 과정이 강처럼 흘러 흘러 마침내 여기에 온 거예요. 이제 드디어 '논술의 바다'에 이르렀어요. 논술의 바다에 뛰어들기가 조금은 두렵다고요? 하지만 자신감을 가지고 뛰어드세요.

논술의 바다에 뛰어들어 보면, 어느 사이에 노를 젓고 돛을 달아 항해를 해 나갈 수 있을 거예요. 바로 그런 자신감을 여기에 몽땅 마련해 두었답니다.

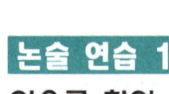

논술 연습 1
이유를 찾아 쓰면 논리가 살아난다

❖ 다음 글을 읽어 보세요. 그리고 축구가 세계 각지의 여러 사람들에게 인기를 얻고 있는 까닭에 대해서 여러분의 생각을 글로 써 보세요. (분량 200자 원고지 2매 이내)

읽·을·글

축구는 11명의 선수가 한 팀이 되어 발로써 공을 다루어, 상대방 골문 속에 누가 더 많은 공을 집어넣는지로 승부를 결정하는 스포츠 종목입니다.

여러분은 아마도 야구나 농구가 세계에서 가장 인기 있는 스포츠라고 생각할 것입니다. 그러나 세계에서 가장 많은 사람이 즐기며 관람하는 스포츠는 축구입니다.

140여 개 국가에서 똑같은 규칙으로 축구 경기를 즐기고 있습니다.

축구는 다른 어떤 스포츠보다도 많은 군중을 끌어모읍니다. 1937년 영국에서는 15만 명이 축구 경기를 관람했고, 1950년 브라질의 리우데자네이루에서는 20만 명 이상의 관중이 모였습니다.

4년에 한 번씩 열리는 세계 제일의 축구 잔치인 월드 컵은 1930년에 시작되었습니다. 월드 컵에서 세 번 우승한 나라로는 브라질이 있습니다.

어떻게 글쓰기 전략을 세울까?

1. 주어진 글에 나와 있는 내용을 적절히 활용해야겠지.

   ➡ '읽을 자료로 주어지는 글'은 여러분이 논술 내용을 생각해 낼 때, 반드시 활용하도록 하는 것이 좋습니다.

   주어진 '읽을 글'을 전혀 활용하지 못하는 사람은 연장을 주었는데도 그걸 사용하지 못하고, 그냥 맨손으로 논밭을 갈고 있는 사람과 같습니다.

2. 축구가 인기 있는 이유를 반드시 찾아야 하겠지.

   ➡ 이 점이 바로 이 논술 글쓰기의 초점입니다. 다른 엉뚱한 내용을 써서는 안 됩니다. 인기 있는 이유를 쓰라고 했는데도, 축구가 인기 있다는 것만 자꾸 반복해서 쓰는 어린이들이 많이 있습니다.

   무엇을 묻고 있는지를 분명히 알고 글쓰기에 뛰어들어야 합니다.

3. 그런데 그 이유는 누구나 수긍할 만한 것이 되어야 하겠지.
   ➡ 기껏 찾아 낸 이유가 이유답지 못한 것이 돼서는 안 되겠지요. 이유는 누구나 인정하는 객관적 사실에서 찾아야 합니다. 이럴 때 흔히 보면 자기가 축구를 좋아하기 때문에 축구가 인기가 있다고 말하기 쉽습니다. 주관적인 이유는 설득력이 없습니다.

4. 그러기 위해선 내가 알고 있는 축구나 스포츠에 관한 지식을 잘 동원할 수 있어야겠지.
   ➡ 축구와 다른 스포츠를 비교해 보는 방식도 아주 좋겠지요?

무엇을 조심해야 할까?

1. 그냥 무턱대고 '나는 축구를 좋아한다.'는 식으로 써서는 좋은 논술이 될 수 없다는 점.
2. 축구가 인기 있는 이유에 대해서는 쓰지 않고, 축구 경기를 소개하는 글로 흐르지 않도록 해야 한다는 점.

논술바다에 뛰어들기 – 직접 써 보기

축구가 인기가 있는 점을 두 가지로 나누어서 생각해 보려고 한다.

첫째, 축구는 배우기 쉽다는 점이다.

이것을 좀더 자세히 설명하면, 축구는 공 하나만 있으면 어떤 운동장에서도 누구나 할 수 있기 때문에 세계 여러 나라 사람들에게 인기 있는 스포츠가 되었다고 본다.

야구나 농구 등은 공 이외에도 특별한 장비가 더 필요하다. 그러나 축구는 그렇지 아니하다.

둘째, 인기라는 것은 여러 사람이 좋아할 때 더 널리 퍼지는 법이다.

1937년 영국에서 15만 명이 축구를 관람했고, 1950년 브라질에서는 20만 명이 관람했을 정도이니 정말 대단하다.

세계 곳곳에 이미 축구가 널리 퍼져 있다는 것이 인기를 더 높이는 이유가 된다. 그리고 월드 컵 같은 세계 대회의 전통을 가지고 있다는 점도 축구의 인기를 높이는 이유가 된다.

논술 연습 2
겪은 일을 반성적으로 정리하면 글쓰기와 친해진다

❖ 우리가 생활 속에서 겪는 일 그 자체가 모두 경험이지요. 이 경험을 글로 정리하면서 반성의 의미를 찾아보는 일을 해 보도록 합시다. 이렇게 함으로써 글쓰기와 친해질 수 있습니다. 글쓰기에 친해지지 않는 사람에게 논술 능력을 기대하기는 힘듭니다.

겪은 일을 글로 정리한다는 것이 생각만큼 쉬운 일은 아니랍니다. 겪은 일을 단순히 기록하는 것을 넘어서서, 그 일에 대한 어떤 의미를 정리한다는 것은 생각이 깊지 않으면 할 수 없는 일입니다.

생각 문제
자기가 겪었던 일 가운데 하나를 정리하여 소개하고, 그 일을 통해서 반성할 수 있었던 교훈점이 무엇이었는지 생각하여, 그것을 글로 써 보세요.

··· 지켜야 할 점 ···
1. 자기 글의 내용을 잘 드러내는 제목을 각자 붙이도록 한다.
2. 겪었던 일의 장면을 실감나게 나타내도록 한다.
3. 글의 분량은 200자 원고지 4매 정도로 한다.

어떻게 글쓰기 전략을 세울까?

1. 겪었던 일 가운데 무슨 일을 소재로 삼아서 글로 쓸 것인가를 먼저 생각해야겠지.

    ➡ 그 수많은 경험 중에 무엇을 글로 쓸 것인가? 우선 나한테 매우 인상 깊게 남아 있는 것을 쓰도록 합시다. 그래야 글의 내용이 막히지 않고 풍부해질 수 있습니다.

2. 그 일을 통하여 반성의 교훈을 얻을 수 있었던 것으로 글을 쓰라는 요구가 있었지.

    ➡ 이 점이 바로 이 논술 글쓰기의 초점입니다. 다른 엉뚱한 내용을 쓰게 되어서는 안 됩니다. 겪었던 일이 아무리 재미있고 인상 깊은 것이라 하더라도, 반성적 교훈이 발견되지 아니한다면 아무 소용이 없습니다.

3. 어떤 표현 방법으로 쓸까를 생각해 보아야겠지.
   → 겪은 일을 소개할 때는 그냥 설명하듯이 표현해 나갈까? 아니면 실제 있었던 생생한 대화나 느낌을 자세히 표현해 주는 방식으로 할까?

   각자 자기의 표현 스타일에 유리한 것, 또는 자기에게 익숙한 표현 방식을 생각해 보고, 그 방식대로 표현하는 것이 바람직합니다.

무엇을 조심해야 할까?

1. 겪은 일을 소개하는 부분과, 그 일에 대해서 반성적으로 생각하는 부분이 뚜렷이 구분되어서 나타날 수 있도록 해야 한다는 점.

2. 그 겪었던 일을 통해서 반성과 깨달음이 있었다는 것을 글을 읽는 사람이 충분히 공감할 수 있도록 해야 한다는 점.

3. 겪었던 일을 소개할 때는 시간 순서에 맞게, 질서 있는 이야기가 될 수 있도록 사건을 정리해야 한다는 점.

4. 문제에서 요구한 대로 글의 제목을 붙여야 하는데, 이 제목 속에서 글의 주제를 암시할 수 있도록 해야 한다는 점.

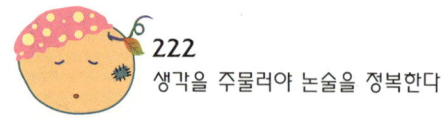

논술바다에 뛰어들기 _ 직접 써 보기

저축의 참뜻

유치원 때의 일이다.
"내일은 저금하는 날이에요. 엄마께 꼭 말씀드려요."
"네."
집에 가자마자 엄마께 손을 내밀었다.
"엄마, 저금."
"알았어. 내일 아침에 줄게."
엄마와 약속을 하고 잠자리에 들었다. 이튿날이 되었다. 엄마께서 저금할 돈으로 오천 원을 주셨다. 난 실망한 나머지
"겨우 요것밖에 안 줘요. 조금만 더 주지. 다른 애들은 이만 원씩 가져오던데 엄마는 매일 오천 원이야?"
라고 말해 버렸다.
이것을 보시던 아빠가 만 원을 채워 주시며 어서 유치원에 가라고 하셨다. 유치원에 도착했다. 만 원이라는 큰 돈을 가져왔기 때문에 가방을 내리자마자 자랑하기 시작했다.
"나 만 원 가져왔다. 너 얼마 가져왔니, 나보다 조금이지? 메롱."
하면서 말이다. 선생님께서 들어오시자 곧바로 저금을 했다. 내 뒤에는 미연이가 서 있었다. 그런데 통장만 덩그러니 들고 있을 뿐이었다.
"미연아, 저금할 거야? 돈도 없잖아."
"없긴 왜 없니? 여기 있잖아."
알고 보니 통장 속에 동전이 있었다.
"그게 무슨 저금이니? 나보다 많아?"

"아니, 많지는 않아. 그런데 너 그거 엄마 돈이지? 이건 내 돈이야. 너한테도 이런 돈이 있어? 지금 나보다 많아?"

"그래 많아. 볼래?"

하면서 주머니를 뒤적이니 이백 원뿐이었다.

한 방 먹은 기분에 말도 못 하고 돌아섰다.

이렇게 해서 유치원 시절 나는 부끄러운 저금을 하였다. 이제는 5학년이 되어 저금을 하고 있다. 그러나 가끔 저금을 잊어버리고 챙기지 못하는 경우도 있다. 부모님께 그냥 얻은 큰 돈보다 실제로 값있게 아낀 돈이 진정한 저축의 의미를 가진다는 것을 이제 나는 안다. '티끌 모아 태산' 이라는 속담이 틀린 말이 아니다. 이제는 저축을 꼬박꼬박 잘 해서 정말 언젠가 태산처럼 큰 돈이 담긴 통장이 생겼으면 좋겠다.

지금도 내 책상 선반에 있는 돼지가 '꿀꿀' 거린다. 그럴 때마다 동전을 넣고는 얼마만큼 먹었는지 살펴보곤 한다.

논술 연습 3
눈치 보지 말고 자기 맘대로 감상해 보라.
생각이 풍부해진다

❖ 마음 속에서 아주 자유롭게 상상하고 설명해 보는 훈련을 평소에 자주 해 보도록 하세요.

논술 글쓰기가 물론 논리적인 생각을 글로 나타내는 일이지만, 그보다 더 기본적으로는 글의 주제와 관련해서 많은 생각을 떠올리고 그 생각을 이어 나가게 하는 생각의 힘입니다.

그래서 여러분들은 신문 기자도 되어 보고, 때로 시인이, 때로는 과학자가 되어 보기도 하고, 때로는 다른 친구들의 마음 속으로 들어가 보기도 해야 하는 것입니다.

자유롭고도 풍부한 상상력, 이것이 바로 논술을 해 나가는 가장 기초적인 생각의 힘이 되기 때문입니다.

생각 문제

다음은 초등 학교 6학년 어린이가 쓴 '촛불'이라는 동시입니다. 이 작품을 읽고 작품의 내용과 느낌을 마음 속에서 아주 자유롭게 상상하고 느껴 보도록 하세요. 그런 다음, 여러분 각자가 이 시를 다른 사람에게 설명하고 해석해 보이는 글을 써 보도록 하세요. 그러니까 여러분이 꼬마 비평가가 되어서 이 작품을 해설하고 설명하는 역할을 해 보는 것입니다. (분량 200자 원고지 3매 이내)

··· 감상할 글 ···

촛 불

땅거미가 깔린 밤
조그마한 몸으로
우리를 비춰 주는
촛불

이 세상 어둠을
쫓으려고
안간힘을 쓰는 조그마한 촛불

촛불
보고 있노라면
촛불의 눈물과 함께
내 눈물도
뚝뚝 흐른다

어떻게 글쓰기 전략을 세울까?

1. 꼬마 비평가가 된다는 심정으로 글을 써 보는 것이 좋겠지.
   → 시를 비평하는 비평가는 시의 내용을 설명해 주고, 시의 중요한 의미를 발견하게 해 주는 사람입니다. 우선 주어진 시를 열심히 그리고 꼼꼼히 읽어 보도록 합시다.

2. 상상하면서 읽을 부분에는 상상력을 충분히 발휘해야겠지.
   → 시는 상상력을 가장 강하게 발휘하면서 읽어야 합니다. 또, 상상력을 많이 발휘하면서 감상해야 남에게 이 시를 더 잘 설명할 수 있습니다. 이 점이 바로 이 논술 글쓰기의 초점입니다.

3. 잘 된 표현은 잘 되었다고 지적하고, 그렇지 못한 부분은 잘못되었다고 지적해 줄 수 있어야겠지.
   → 다른 사람의 작품을 읽고 평가하는 능력을 발휘할 수 있어야 합니다. 잘 된 점이나 잘못된 점을 지적할 때는 반드시 그 이유까지 함께 밝히도록 하세요.

무엇을 조심해야 할까?

1. 남의 작품을 읽고 설명하는 일도 결국은 논리에 맞는 생각의 힘이 필요하다는 점. 그냥 상상만 하는 데서 끝내지 말고, 항시 논리적으로 설명하는 태도가 필요하다는 점.

2. 시의 내용을 상상하는 부분, 그 시를 다른 사람에게 설명하는 부분, 이 시의 잘 되고 못 된 점을 평가하는 부분을 분명히 나누어서 말해야 한다는 점.

논술바다에 뛰어들기 _ 직접 써 보기

　이 시는 세 연으로 되어 있는 시이다. 이 시를 나는 세 가지 부분으로 나누어서 말하려고 한다. 처음에는 이 시의 내용을 보고 내게 어떤 상상력이 생겼는가 하는 것을 말하겠다. 다음으로는 이 시를 내 나름대로 설명해 보겠다. 그리고 마지막으로는 이 시의 장단점을 지적해 보겠다.

　이 시는 나에게 어떤 거룩한 감정을 불러일으켰다. 촛불이라는 것을 희생적이고 의로운 일을 하는 사람에 빗대어서 노래하고 있다는 느낌이 들었다.

　그런데 실제로 나는 촛불 켠 것을 가까이서 자세히 본 적이 없어 크게 실감나지는 않았다.

　이 시를 나는 이렇게 설명하겠다. 촛불의 역할과 인상을 의로운 일을 하는 사람으로 비유하였다. 따라서 이 시에서 촛불은 그냥 단순한 물건이 아니라 어떤 상징적 의미가 있는 것 같다. 그리고 이 시를 쓴 사람도 의로운 삶을 살고자 노력하는 마음이 있는 사람으로 보인다. 3연에서 촛불을 보고 있노라면 촛불처럼 눈물이 흐른다고 표현했다. 바로 이 대목에서 지은이의 마음을 엿볼 수 있다고 생각한다.

　이 시의 지은이는 어둠을 밝히면서 자기 몸을 태워 가는 촛불의 모습을 마치 자기 몸을 바쳐 불의와 싸우려는 사람에 비유하고 있다. 이렇게 촛불을 느끼고 볼 수 있는 마음을 가졌다는 점이 매우 훌륭해 보인다. 보통 사람이라면 촛불을 보고 쉽사리 그런 생각을 하지 못했을 것이다.

　촛불을 보노라면 눈물이 뚝뚝 떨어진다고 한 부분은 감정이 너무 과장되었다는 느낌을 준다.

논술 연습 4
모든 관찰은 기록해 두자. 원인과 결과를 이해하는 산 경험이 된다

❖ 글로 쓸 수 있는 가장 확실한 내용은 관찰한 것을 쓴 것입니다.

관찰한 그대로만 쓰면 글이 되기 때문입니다. 즉, 글 쓰는 사람이 달리 머리를 짜내어 생각하지 않아도 글의 내용이 관찰 속에서 자연히 생겨나기 때문입니다.

그러나 실제로 관찰을 해 본 어린이들은 알 수 있을 것입니다. 관찰을 하는 동안에 얼마나 많은 생각들이 머릿속에 떠오르게 되는지를. 그리고 얼마나 조리 있게 살피고 생각할 수 있는 힘이 길러지는지를 말입니다.

관찰한 것을 글로 기록하는 습관을 길러 두면 논술 연습에도 두 가지 이점을 확실하게 차지할 수 있습니다.

하나는 어떤 소재를 대하거나 글의 내용을 생각해 낼 수 있다는 점입니다.

그러니까 무슨 내용으로 원고지를 메워 나가느냐 하는 걱정에서 벗어날 수 있다는 것이지요.

다른 하나는 일이 벌어진 원인과 결과를 따져서 생각하는 힘이 부쩍 크게 길러진다는 점입니다.

관찰이라고 하면 꼭 식물이나 곤충 등 자연 관찰만을 하는 것으로 아는데, 반드시 그렇지는 않습니다. 무엇보다도 여러분 자신이 관심 가지는 대상을 관찰해 보는 데서 관찰 기록을 시작하십시오.

문제 1

아버지의 하루 생활을 관찰하고 기록해 보세요. 그리고 이러한 아버지의 하루 생활 관찰을 통해서 발견되는 중요한 사실이 있으면 하나만 지적해 보세요. (분량 200자 원고지 2매 이내)

어떻게 글쓰기 전략을 세울까?

1. 우선 무심히 지나쳤던 아버지의 하루 일과를 관심을 가지고 관찰하고 기록해야겠지.
   → 사실, 모든 글쓰기의 기본 출발은 '관심을 가지는 것'에서부터 시작됩니다. 관심이 있으면 무언가 새롭게 보이는 것이 있기 마련입니다.

2. 아버지의 하루하루 생활 속에 숨어 있는 일들에서 어떤 어려움이 있는지를 파악할 수 있어야 하겠지.
   → 이 점이 바로 이 글쓰기의 초점입니다. 그냥 아버지의 일과만 소개한다면 의미 있는 글이 되기 어렵겠지요.

무엇을 조심해야 할까?

관찰한다고 해서 무턱대고 아버지를 지켜보기만 해서는 성과를 얻지 못할 수도 있다.

아버지와 관계되는 사람들이 어떻게 행동하는지를 관찰하는 것도 중요하다.

논술바다에 뛰어들기 _ 직접 써 보기

아버지는 아침 5시 반에 일어나셔서 꼭 아침 운동을 하신다. 그리고 7시 이전에 출근을 하신다. 대체로 저녁 9시쯤에 퇴근하시는 편인데, 집에 들어오셔서도 여러 군데 전화를 하시고 회사 일을 챙겨야 하는 경우가 많다.

근무가 힘들고 고단하기 때문에 건강에 더 유의해야 한다고 말씀하신다.

아버지 회사는 수출 물품을 만들어 내는 회사이다. 한 달에 서너 번 정도는 출장을 가시는데 그럴 때는 무척 바쁘고 긴장된 표정이시다.

또, 아버지 회사에 외국 손님들이 올 때도 있는데, 이럴 때는 아버지께서 그들을 대접하고 그들과 수출에 관한 여러 가지 계약을 하신다. 어머니는 아버지가 너무 일을 많이 한다고 말씀하신다.

아버지는 우리 물품을 세계에 널리 알리고, 그것을 수출할 수 있도록 외국의 시장을 조사하고 직접 수출 계약을 맺는 일을 하신다. 그것은 곧 우리 경제를 발전시키는 중요한 일이다.

문제 2

각자가 관찰한 동물이나 식물의 세계에 대해서 글로 써 보세요. 관찰의 기간이 길지 않아도 좋습니다. 관찰한 내용 그대로를 충실하게 기록해 보세요. (분량 200자 원고지 2매 이내)

어떻게 글쓰기 전략을 세울까?

1. 우선 구체적인 관찰 경험을 가지도록 해야 하겠지.
   ➡ 관찰 경험이 없는 어린이들은 지금 당장이라도 관찰 대상 하나를 정해 보세요. 마당이나 뜰에 나가서 개미나 거미, 벌레 등을 관찰해 보아도 좋습니다.

2. 시간이 지남에 따라 관찰 대상이 어떻게 달라지는지에 초점을 두고 글의 내용을 적어 나가야겠지.
   ➡ 이 점이 바로 이 글쓰기의 초점입니다. 관찰 대상이 시간이 지남에 따라 어떻게 움직이고 달라지는지를 기록하세요. 변화가 느리거나 움직임이 없을 때는 관찰하는 사람이 자극을 주어서 그 때 변화하는 모습을 기록해도 좋습니다.

무엇을 조심해야 할까?

중요한 관찰마다 여러분의 느낌이나 추측이나 판단을 표현해 보도록 한다. 그리고 이 느낌이나 추측이나 판단이 나중에 맞아드는지 맞아들지 않는지를 살피도록 한다.

이렇게 따져 봄으로써 원인과 결과를 이해할 수 있게 된다.

 논술바다에 뛰어들기 ― 직접 써 보기

개미의 지혜

내가 과자 부스러기를 앞 베란다에 놓아 보았다. 좀 시간이 지나 개미 한 마리가 와서 과자 부스러기를 더듬이로 더듬은 뒤 들고 가려고 하였다. 하지만 개미에 비해 과자 부스러기가 너무 커서 개미는 들고 가지 못했다.

개미는 화분에 있는 흙 속으로 들어가더니 여러 마리의 개미들을 데리고 나와서 과자 부스러기를 들고 갔다.

내가 개미굴을 흙으로 막으니 개미들은 개미굴을 뚫고 다시 과자 부스러기를 가져가려고 했다. 하지만 커서 들고 들어갈 수가 없었다. 그러자 개미들은 힘을 모아 잘게 부수어 들고 들어갔다.

'그 조그마한 개미들이 어떻게 그런 것을 생각해 낼 수 있었을까?'

또, 개미가 얼마나 부지런한지를 알 수 있었다. 그리고 개미는 정말 영리한 곤충인 것 같다. 나도 앞으로는 개미처럼 부지런한 생활을 하겠다.

논술 연습 5
개요짜기는 글쓰기의 설계도이다

❖ 글쓰기, 특히 논술하기는 하나의 건물을 짓는 것과 같습니다. 좋은 건물을 지으려면 우선 설계도가 마련되어야 합니다. 건물을 지을 때, 어떤 크기로 지으며, 어떤 재료를 사용할 것이며, 또 방이나 마루는 어떤 위치에 둘 것인지 미리 생각하여 나타낸 그림이 설계도입니다.

글을 쓸 때에도 어떤 내용을 어떤 순서로 쓸 것인지 미리 대략 결정해 두는 것을 '개요짜기'라고 합니다. 물론 개요짜기는 글의 전체적인 모습을 잘 드러내는 글의 골자에 해당하는 부분만으로 만들어지는 것이지요.

개요를 만들어 두면 마치 열차가 레일 위를 지나가듯이 글쓰기의 과정이 순조롭고 안정될 수 있습니다.

생각 문제 1

다음은 어떤 어린이가 쓴 '자연 환경을 보호하자'라는 제목의 글입니다. 이 글을 읽어 보세요. 그리고 이 글을 쓰기 위해서 이 어린이가 어떤 개요를 만들었을지에 대해서 생각해 보세요. 그 〈개요〉의 ＿＿＿부분에 적절한 글의 내용을 적어 넣어 보세요.

··· 자연 환경을 보호하자 ···

우리 나라는 예로부터 금수 강산이라는 이름으로 불리어져 왔다. 그만큼 자연이 깨끗했다는 것이다. 그러나 우리는 조상들이 물려주신 아름다운 이 땅을 오염시키고 자연을 파괴하고 있다. 나쁘다는 것을 알면서 우리는 자연을 하나 둘씩 병들게 하고 있다.

깨끗하고 아름다운 자연 환경을 위해 우리가 할 수 있는 일을 생각하여 보자. 자연은 우리와 밀접한 관계가 있다. '자연은 사람 보호, 사람은 자연 보호'라는 말이 있다. 이와 같이 건강한 자연 속에서 사람들은 자연으로부터 도움을 받는다. 그리고 사람들은 이 같은 관계를 유지하기 위하여 자연을 보호해야 한다. 그 예를 들어 보자.

첫째로 쓰레기의 양을 줄여야 할 것이다. 우리들은 일상 생활을 해 나가면서 많은 양의 쓰레기를 만들어 낸다. 쓰레기들의 대부분이 재활용할 수 있는 것인데도 그대로 쓰레기통에 버려지고 있다. 또한 요즈음에는 일회용품의 사용이 많아져 쓰레기가 점점 늘어 가고 있다.

둘째로 생활 하수와 공장 폐수를 줄여야 한다. 특히 먹는 물조차 생수를 사 먹으며 수돗물마저 믿지 못하는 지금, 맑고 깨끗한 물을 위해서는 생활 하수와 공장 폐수를 줄여야 할 것이다.

셋째로는 공기 오염을 줄여야 한다. 몇 년 남지 않은 21세기에는 사람들 모두 방독면을 써야 될 것이라는 이야기를 많이 하고 있다. 그렇다면 옛날의 맑은 공기를 되찾기 위해서는 자동차의 사용을 줄여 주로 걸어다니고 공장의 매연도 줄여야 할 것이다.

우리는 지금까지 깨끗하고 아름다운 자연 환경을 보호할 수 있는 방법을 생각해 보았다. 자연 환경 보호는 작은 것부터 실천하는 일 외에는 방도가 없다. 그리고 자연을 오염시키는 사람들을 우리 모두가 감시하고 고발하는 체계를 만들어 나가야 할 것이다.

윗글의 개요 메우기

제목: 자연 환경을 보호하자

1. 서론: 1) 아름다운 우리 강산이 오염되고 있음.
       2) _____

2. 본론: 자연을 보호하기 위한 방법들과 노력.
       1) 쓰레기의 양을 줄이자.
       2) _____
       3) _____

3. 결론: 성실한 자연 보호 실천과 자연 보호 감시의 중요함.

문제 2

이번에는 잘 짜여진 〈개요〉에 따라 한 편의 글을 써 보도록 하세요. 그러면서 글쓰기에서 〈개요〉라는 것이 참으로 필요하고 중요하다는 것을 느껴 보기 바랍니다.

개요

··· 불조심을 하자 ···

1. 서론: 화재에 대해 주의하자.
       화재에 대해 대처할 수 있어야 한다.

2. 본론
   (1) 화재의 원인
       1) 사람의 부주의로 인한 발생
       2) 자연 화재 발생
   (2) 화재에 대한 대처 방법
       1) 부주의한 태도 고치기

2) 가정에서 할 수 있는 일
    (화재 원인 제거, 소화기 설치, 방화사/방화수 준비 등)
3. 결론: 불조심을 하자.

 논술바다에 뛰어들기 _ 직접 써 보기

불조심을 하자

겨울은 건조하고 춥기 때문에 난방 시설을 많이 이용하는 계절이다. 그렇기 때문에 화재의 위험도 크다. 화재는 겨울뿐만 아니라 언제 어디에서 나타날지 모르는 불청객이다. 따라서 우리는 화재의 원인을 알고 화재시 대처 방법을 알아서 화재를 막아야 할 것이다.

먼저 화재의 원인을 알아보자.

화재는 사람의 부주의로 일어나는 것이 대부분이다. 먼저 우리가 많이 사용하는 전기 기구들을 보자. 전기는 우리 생활을 편리하게 해 주지만 잘못 다루면 화재의 씨앗이 될 수도 있다. 한꺼번에 많은 전기 기구를 사용하면 화재의 위험이 크다. 물이 묻어 있는 손으로 전기 기구를 다루거나, 전깃줄의 플러그를 잡지 않고 줄을 잡고 뺀다면 큰 화재가 발생할 수 있다. 이와 같이 전기로 인한 사고가 1,356건으로 화재의 23.7%나 되고, 유류로 인한 것이 515건으로 9%이다.

또, 자연 발생 화재가 있다. 저절로 일어난 산불이라든지, 화산이나 지진 등으로 인한 화재 발생이 그것이다. 하지만 이런 자연 발생 화재는 부주의로 인한 화재 발생에 비해 극히 적다.

대부분의 화재가 부주의에서 발생하므로 화재 대책의 첫걸음은 불조심에 있는 것이 당연하다. 화기의 처리·취급의 주의, 화재 및 방화 화재의 조기 발견, 그리고 화재시에 대한 준비 등이 중요하다.

가정에서 할 수 있는 일은 화재의 원인을 없애고 주의하며 소화기를 눈에 잘 띄는 곳에 배치해 놓고 방화수/방화사를 준비하여 대처 방법을 알아 두는 것이다. 무엇보다 중요한 것은 주의를 하고 관심을 가져 화재를 막는 것이다.

우리가 조금만 관심을 갖고 화재 예방을 위해 힘쓴다면, 화재는 눈에 띄게 줄어들 것이다. 우리 모두 불, 불, 불조심하자.

논술 연습 6
이야기 속의 인물을 잘 분석하라. 이해력과 표현력을 동시에 높일 수 있다

❖ 소설이나 동화의 이야기 세계는 우리들의 실제적 삶을 그대로 모방해서 그려 놓은 세계입니다. 특히 소설 속에 나오는 인물들은 바로 우리들 자신의 모습을 그대로 옮겨 놓은 것일 수도 있습니다.

고학년이 되면서 명작 소설 속에 등장하는 인물들에 관심을 가지는 독서 습관을 길러 보기 바랍니다. 그 인물에 공감하고, 그 인물을 옹호하며, 그 인물을 비판하는 과정이 바로 여러분이 세상을 발견하고 세상에 대해서 생각하는 유익한 시간이 될 수 있기 때문입니다. 소설 이야기를 읽고 이해한다는 것은 우리들이 살고 있는 이 세계와 인생 자체를 이해한다는 것과 같습니다. 또, 소설 속의 인물들에 대해서 자기의 의견을 나타낸다는 것은 사람과 세상을 보는 여러분 자신의 관점을 드러내는 것과 같습니다.

인물을 이해하는 데에 여러분 자신의 관점을 잘 드러내려면 여러분 각자 생각의 근거를 밝히도록 해야 할 것입니다. 즉, '나는 왜 그렇게 생각하는가'를 밝혀야 한다는 것입니다.

결국 세상일에 대해서 많은 경험과 지식을 쌓아 둔 어린이가 소설의 세계에 대해서 자기가 생각하는 바(즉, 자기의 관점)를 남에게 더 잘 설명할 수 있는 것이랍니다.

문제

각자가 읽었던 소설이나 동화에서 감명 깊게 남아 있는 인물을 대상으로 해서 그 인물을 옹호하거나 비판하는 글을 써 봅시다. 옹호를 하든 비판을 하든 자신의 관점을 뚜렷이 나타내고, 근거를 분명하게 보이도록 하세요.

··· 지켜야 할 점 ···
1. 글의 내용을 잘 드러내는 제목을 각자 붙이도록 한다.
2. 가능하면 자신의 성격과 비교하여 설명해 보도록 한다.
3. 글의 분량은 200자 원고지 4매 정도로 한다.

어떻게 글쓰기 전략을 세울까?

1. 읽었던 소설 가운데 어떤 인물이 인상 깊게 남아 있는지를 먼저 선정하도록 해야겠지.

   → 감명이 깊었던 작품 중에서 글감(즉, 인물)을 선정해야 합니다. 막연히 알고 있는 인물을 택해서 그냥 누구나 다 느낄 수 있는 평범한 내용을 담아서는 좋은 논술이 될 수 없습니다.

2. 인물에 대한 분석은 꼼꼼하고 치밀하게 해야겠지.

    → 가급적이면 인물에 대한 옹호보다는 비판하려는 노력을 기울여 봅시다. 왜냐 하면 생각을 독창적이고 새롭게 해 보기 위해서입니다. 따라서 상식적으로는 모두 옹호하는 인물에 대해서도 비판할 점이 없겠는가를 꼼꼼히 생각해 보아야 합니다.

3. 인물의 성격을 밝힐 때는 어째서 그런 성격이라고 말할 수 있는지, 그 근거를 확실히 대어야겠지.

    → 이 점이 바로 이 논술 글쓰기의 초점입니다. 인내심이 강한 성격이라면 그 증거를 소설 이야기 속에서 가져와야 합니다. 또한 부드럽고 따뜻한 마음씨라는 것을 주장하려면 그 증거가 될 만한 사실을 소설 이야기 속에서 찾아 내어 보여 주어야 하는 것입니다.

무엇을 조심해야 할까?

1. 인물의 성격을 자기가 좋다고 해서 주관적으로 설명하지 않도록 한다. 성격을 분석하는 일은 어디까지나 객관적인 설명이 되어야 하는 것이다.

2. 한 인물에서 한 가지 성격만을 강조하지 말고, 그 인물이 지니고 있는 여러 가지 성격을 파악해 보도록 한다. 한 인물을 한 가지 성격으로만 설명하면 글이 단조로워진다.

3. 성격을 알려면 자연히 그 인물의 말과 행동을 자세히 살펴보아야 한다. 말과 행동 중에서도 중요한 사건이 벌어졌을 때 인물이 보여 주는 말과 행동을 잘 관찰하도록 한다.

논술바다에 뛰어들기 _ 직접 써 보기

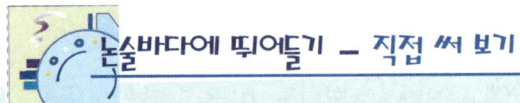

따뜻함과 강함이 함께 있는 숙녀 제인 에어

　제인 에어는 처음 얼마 동안은 나의 눈길을 끌지 못했었다. 책을 사 두고도 오랫동안 대하지 않았기 때문이다. 그러다가 어느 날, 우연히 한 장 펼쳐 보고 나서 금방 흥미를 느껴 밤잠도 잊은 채 읽어 내려갔다.
　이 이야기는 제인 에어의 일생을 자서전 쓰듯이 엮어 나간 책이다. 주인공 제인 에어가 자신을 속일 줄 모르는 솔직함 때문에 겪는 불행들로 펼쳐지고 있다.
　여기서 나는 제인 에어가 로체스터 집안의 가정부로 들어와 로체스터 가의 사람들과 만나게 되는 대목이 가장 재미있었다. 환상 속의 목소리를 들을 때는 내 귓가에도 들리는 듯했으며 위대한 사랑이 이루어질 때의 감격은 이루 말할 수가 없었다. 또, 그녀의 따뜻한 성격에 난 정말 감탄했다. 어떻게 자신을 그렇게 학대하고 구박하던 리드 부인을 용서할 수가 있었을까. 만약 내가 제인 에어였다면 평생을 원망하는 것도 모자라서 매일 그 사람에게 똑같이 복수해 주겠다고 이를 갈았을 텐데……
　내 생각에 작가는 거센 사회 풍파 속에서도 흔들림 없이 성장하고, 따뜻한 마음으로 사랑을 이루는 주인공을 통해서 우리에게 믿음과 사랑의 존엄성을 일깨워 주려고 이 소설을 지은 것 같다. 나는 이 책을 읽고 제인 에어의 따뜻한 마음씨는 그녀의 인내심에서 나오는 것이라고 보았다. 사랑은 오래 참는 것이라는 성경 말씀을 이제야 비로소 실감나게 느꼈기 때문이다. 그러면서도 그녀가 지니고 있는 교양과 개척 정신은 매우 소중한 것이라 여겨졌다.

논술 연습 7

재미있는 일화 속에 교훈이 있다. 내 힘으로
교훈을 발견해 내기까지 꾸준히 생각해 보자

❖ 요즈음 재미난 이야기들을 모아 놓은 책들이 많더군요. 우스운 이야기, 무서운 이야기, 탐정 이야기, 일반 상식 이야기 등등 아주 많습니다.

그 중에서도 위인들의 일화나 중요한 역사적 사실 등을 짧고도 재미있는 토막 이야기로 만들어서, 부담 없이 볼 수 있도록 한 책들이 있습니다. 이런 이야기들은 모두 논술 훈련을 할 수 있는 좋은 자료가 됩니다. 그냥 단순히 읽고만 넘기지 말고 어떤 교훈적 의미까지 생각해 보는 습관을 가지도록 합시다. 일찍이 공자님께서도 이렇게 말씀하셨습니다.

"책을 읽기만 하고 생각이 따르지 아니하면 아무 쓸모가 없고, 또 자기대로 혼자서 생각에만 빠지고 전혀 독서가 없으면 좋지 않다."

그냥 깔깔거리기 위해서 읽는 우스운 이야기책이나, 무서움으로 호기심을 자극하는 무서운 이야기 따위는 웃고 놀라는 그 순간만으로 끝나 버리는 놀이와도 같은 오락용 책입니다.

위인들의 일화나 우화에는 인생의 교훈이 될 만한 중요한 알맹이가 항상 담겨 있는 법입니다. 그런데 이런 이야기에 담긴 교훈도 글을 읽는 사람이 적극적으로 찾아 나서지 아니하면, 즉 발견해 내려는 노력이 없으면 그냥 지나쳐 버리게 되고 맙니다. 그래서 생각하기의 중요성이 자꾸 강조되는 것입니다.

문제

다음에는 제2차 세계 대전 당시 영국의 수상으로서 영국을 지도했던 유명한 정치가 처칠에 얽힌 숨은 이야기(일화) 한 가지를 소개하겠습니다.

이야기를 잘 읽고 이 일화에서 얻을 수 있는 교훈점이 무엇인지를 생각해 보고, 그것을 글로 정리해 보세요.

··· 지켜야 할 점 ···

1. 글의 내용을 잘 드러내는 제목을 각자 붙이도록 한다.
2. 등장 인물들의 성격을 잘 설명해 보도록 한다.
3. 글의 분량은 200자 원고지 4매 정도로 한다.

처칠의 일화

처칠 수상이 하루는 국회에 나가서 연설을 하기로 되어 있었는데, 자기 집무실에서 손님을 맞이하다가 그만 국회에 나갈 시간에 늦게 되었다. 집무실에서 국회까지는 복잡한 시가지를 자동차로 달려서도 한참을 가야만 했다.

그래서 처칠은 교통 신호를 무시해서라도 예정된 시간 안에 국회에 도착하도록 하라고 운전 기사에게 지시하였다. 교통 신호를 무시하고 국회로 가는 도중에, 교통 경찰관이 달려와서 차를 세웠다. 운전 기사는 당연하다는 듯이 당당하게 경찰관에게 이야기하였다.

"수상 각하의 차요. 지금 국회에 가는 길인데, 시간이 늦어서 급히 가는 중이오."

그러나 교통 경찰관은 이렇게 말하는 것이었다.

"수상 각하를 닮긴 닮았는데, 수상인 처칠경의 차가 교통 규칙을 위반할 리가 없소. 면허증을 내놓고 내일까지 경찰서로 출두하시오."
  교통 경찰관은 수상의 차를 교통 법규 위반으로 적발하였다.
  처칠은 교통 경찰관이 자기의 직무를 수행하는 태도에 깊은 감명을 받았다. 이튿날, 처칠은 경시청 총감을 불러서 그 교통 경찰관을 한 계급 특진시켜 주라고 명령하였다.
  그러나 경시청 총감은
  "경찰 조직법에 그런 규정이 없어서 특진을 시킬 수가 없습니다."
  이렇게 말하고 명령을 거절하였다. 처칠은 총감의 규칙을 준수하려는 태도를 보고 다시 한 번 감동을 받았다.

어떻게 글쓰기 전략을 세울까?

1. 이 이야기에 등장하는 인물들에 대해서 우선 어떤 장점을 발견할 수 있는가 생각해 보아야겠지.

    → 1) **처칠**—수상으로서의 권위를 함부로 행사하는 지도자가 아니라는 점이 돋보인다. 원칙은 누구에게나 평등하게 적용되어야 한다는 것을 잘 알고 있는 인물이다.

    → 2) **교통 경찰**—모든 사람에게 조금도 치우침이 없이 공평한 법집행을 한다. 높은 사람이라고 해서 봐주지 않는다.

    → 3) **경시청 총감**—법과 규정에 없는 일은 아무리 수상의 지시라고 해도 행하지 아니한다. 원리 원칙에 철저하다.

무엇을 조심해야 할까?

1. 인물들에게서 배울 점을 막연하게 이야기하지 말고 아주

구체적이고도 실제적으로 이야기하도록 한다.

2. 우리의 경우와 비교해서 이들 일화에 나오는 인물들이 가진 배울 점을 강조하는 것도 좋은 방법이 될 수 있다.

3. 지나치게 칭찬하는 감정으로 글을 쓰지 않도록 한다. 그러기 위해서는 교훈점을 첫째, 둘째, 셋째 등으로 구분하여 글쓰기를 전개해 나가도록 한다.

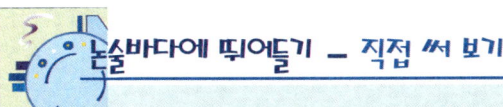 논술바다에 뛰어들기 _ 직접 써 보기

공평함이 지배하는 건강한 사회

민주주의를 꽃피우려면 국민 모두가 평등한 대접을 받고 있다는 생각을 가지고 있어야 한다. 특별한 혜택을 받는 사람이 있다고 생각하면 그 사회에는 이미 불평과 불신이 생긴다. 더구나 지도자가 불공평하면 국민의 불신과 고통은 더욱 커진다.

처칠은 영국을 다스리는 최고 권력자이다. 그런데도 교통 경찰이 규칙 위반을 지적하자 순순히 응한다. 그 자리에서 '나를 몰라보느냐'고 야단을 칠 수도 있었을 것이다. 만약 우리 나라였다면 어떠했을까? 높은 사람에게도 교통 위반 딱지를 뗄 수 있었을까?

교통 경찰관을 특진시키라는 처칠의 명령을 부하인 경시청 총감이 규정에 없다고 해서 받아들이지 않지만 처칠은 화내지 않고 오히려 그의 준법 정신에 감동한다. 훌륭한 지도자는 이처럼 겸손과 공평함의 정신을 가져야 한다고 생각한다.

논술 연습 8

자기가 익혀 알고 있는 기술을 남에게 알려 주는 글을 써 보면 글쓰기가 쉽게 느껴진다

❖ 글쓰기를 쉽게 익히려면 자기가 가장 잘 아는 분야를 설명하는 연습을 자꾸 해 보는 것이 좋습니다.

알고 있는 것을 자유 자재로 표현하고 싶은 생각이 들 때는 자기가 가장 잘 익혀서 알고 있는 부분을 글로 써 보세요.

알고는 있는데 글로 표현이 안 된다는 어린이들일수록 자기가 가장 잘 할 수 있는 일을 다른 사람에게 설명해 보이는 글을 써 보는 것입니다.

그냥 단순히 알고 있는 지식을 기억해서 글로 쓰는 것보다는 실제로 자기가 터득하고 있는 기술에 대해서 설명해 보는 것이 더 좋은 글쓰기 훈련이 될 것입니다.

예를 들면 자전거 타는 기술, 피아노 치는 기술, 연날리는 기술, 아기 우유 먹이는 기술 등에 대해서 남에게 알려 주는 글을 써 보기 바랍니다.

어떤 일의 절차나 방법을 잘 설명한다는 것은 아는 것을 확실하게 정리할 수 있다는 것을 의미합니다.

또, 어떤 물건을 다루는 기술이나 요령을 남에게 설명하는 글을 쓸 수 있으면 아주 대단한 글쓰기 능력을 가진 것이라 할 수 있습니다.

생각 문제

 다음에는 식목일을 맞이해서 나무 심는 요령(기술)에 대해 설명한 글을 소개합니다.

 이 글을 잘 읽고 여러분도 이와 같이 남에게 여러분이 알고 있는 기술이나 요령을 알려 줄 수 있는 글을 써 보세요.

··· 지켜야 할 점 ···

1. 글의 내용을 잘 드러내는 제목을 각자 붙이도록 한다.
2. 무엇을 먼저 설명하고 무엇을 나중에 설명할 것인지를 잘 생각해 보고 글을 쓰도록 한다.
3. 글의 분량은 200자 원고지 4매 정도로 한다.

▲ 나무 심는 요령

 4월 5일은 식목일. 나무 심는 날이다. 식목일을 앞두고 나무 심는 방법과 적당한 묘목 고르는 법을 알아본다.

 나무를 심을 때에는 심는 장소에 따라 묘목 종류를 잘 골라야 한다. 도시 지역 가정의 경우, 되도록이면 심어져 있는 정원수와 조화를 이루게 하되, 나무가 높이 자라 응달을 만들거나 관리하기가 어려운 나무 종류는 피하는 것이 좋다.

 공해가 심한 지역이라면 은행나무, 플라타너스, 자목련, 매화, 후박나무, 사철나무 등 공해에 강한 종류를 고르도록 한다. 농촌 지역에서는 고향의 정겨움을 살리고 짙은 녹음을 드리울 수 있는 느티나무, 층층나무, 팽나무 등이 좋을 것이다.

 나무를 심을 때는 미리 구덩이를 파서 흙을 햇볕에 말려 두어야 한다. 햇볕에 살균이 되므로 병충해 예방에 도움이 되기 때문이다. 구덩이 크기는 심을 나무 뿌리가 펴져 있는

> 지름의 1.5배 이상으로 하며, 구덩이엔 밑거름과 겉흙을 5~6cm 정도 넣은 다음, 뿌리를 잘 펴서 나무를 바로 세운다. 겉흙과 속흙을 섞어 3분의 2 정도를 채우고 나무를 잡아당기듯 한 뒤에 잘 밟고 물을 충분히 준다.
> 그리고 나머지 흙을 채운 다음 수분이 증발하는 것을 막기 위해 짚이나 나뭇잎으로 덮어 준다.

어떻게 글쓰기 전략을 세울까?

1. 내가 무언가를 잘 다루는 기술이 있다면 무엇이 있는지를 먼저 생각해야겠지.
   → 잘 할 수 있는 것 중에는 설명이 비교적 쉬운 것도 있고 어려운 것도 있습니다. 글로 쓰기 쉬운 것을 소재로 고르도록 합니다.

2. 어떤 일이 이루어지는 과정을 설명해야 되니까, 설명의 순서가 매우 중요하다는 것에 유념해야겠지.
   → 나무 심기 요령을 설명할 때, 설명의 순서를 잘 살리지 못하면 독자들이 그 글을 읽고 이해하기가 얼마나 어렵겠는지 상상해 보세요. 이와 마찬가지로 어떤 기술과 방법을 글로 표현할 때는 일의 순서를 잘 잡아야 합니다.

무엇을 조심해야 할까?

1. 지식을 전달하는 것이 아니라, 기술 또는 방법을 전달하는 글이므로 쉽게 설명한다.
2. 내가 잘 모르는 것을 설명하려 하면 글로 표현하기가 어려워지고, 그러다 보면 내 글을 읽는 사람도 어려워한다.

논술바다에 뛰어들기 _ 직접 써 보기

초보자가 바이올린을 다루는 요령

어떤 악기를 연주할 때도 마찬가지겠지만 바이올린 연주도 처음에는 무엇보다 자세가 가장 중요하다고 할 수 있다.

올바른 자세는 우선 몸을 똑바로 세운 다음에 턱과 턱받이로 바이올린을 올려놓는다. 몇몇은 손으로 잡으면서 지탱하는데 손을 올려놓기만 한다. 만약 손으로 잡아 버리면 나중에 긴 곡을 연주할 때 손에 무리가 따를 수 있으므로 버릇을 잘 들이도록 한다. 또, 손바닥 아랫부분이 바이올린에 닿지 않도록 주의해야 하며, 연주할 때 배가 나오지 않도록 한다.

이런 나쁜 자세는 버릇으로 굳어지면 나중에 고치기가 상당히 힘들므로 바이올린을 배우는 초기에 확실히 잡아 두도록 하자(필자는 처음에 자세 버릇을 잘못 들였다가 나중에 큰 고역을 치르고서야 간신히 고쳤다).

자세 못지않게 중요한 것이 활 잡는 법이다(여기서도 필자는 고생을 순전히 사서 했다). 또, 활을 켤 때는 방향에 주의하도록 해야 한다. 활턱이 자기 눈에 들어오도록 비스듬하게 켜야 하는데 편하다고 자기 멋대로 하다가 낭패를 겪는 일도 종종 있다. 또, 활을 켤 때 방향을 비스듬히 해서 켜야 하는데 잘못해서 검은 나무 부분의 활을 켜지 않도록 주의한다.

이 같은 기본 상식에 주의하면서 소위, 에디슨이 말하는 99%의 노력으로 열심히 연습하고 적극적으로 배우려 한다면 분명히 바이올린을 잘 연주할 수 있을 것이다.

(바이올린을 배우고 있는 6학년 어린이의 글)

논술 연습 9
좋은 논술은 글을 읽는 사람으로 하여금 나의 주장에 설득될 수 있도록 하는 것이다. 자신감 있게 주장해 보자

❖ 논술 글쓰기의 성격을 한 마디로 말한다면 자기의 주장을 나타내는 글입니다. 그런데 주장에는 항상 그 주장을 들어야 하는 상대방이 있는 법입니다. 따라서 주장하는 글은 그냥 주장하는 것으로 끝나는 것이 아니라, 그 주장이 상대방에게 얼마나 설득력 있게 받아들여졌는가를 따져 보아야 합니다.

상대방에게 설득력 있는 글이 되려면 어떤 성격을 지녀야 할까요?

첫째, 논리에 맞는 주장을 해야 합니다.
둘째, 글을 읽는 상대방의 형편에 맞는 글이 되어야 합니다.
셋째, 진실된 마음으로 꾸밈없이 써야 합니다.
넷째, 주장하는 사람이 자신감에 차 있어야 합니다.

문제 1

부모님께 어린이 여러분들이 주장하고 싶은 것을 글로 써 봅시다. 주장에는 반드시 왜 그 주장이 타당한지 적합한 이유가 따라붙어야 합니다.

이 점에 잘 유의하여 주장하는 글을 써 봅시다.

··· 지켜야 할 점 ···
1. 주장 내용을 두 가지 이상 제시하도록 한다.
2. 글의 분량은 200자 원고지 4매 정도로 한다.

어떻게 글쓰기 전략을 세울까?

1. 주장을 하고 그 주장이 왜 옳은지 이유를 밝히는 방식으로 글을 써 내려가야 하겠지.
   ➡ 부모님들이 이 글을 읽고 우리를 이해할 수 있도록 하는 데에 이 글의 목적이 있습니다.

2. 구체적인 예를 들어 가면서 부모님께 주장을 해 나가면 더 설득력이 있지 않을까?
   ➡ 합당한 근거를 대어야 할 때는 구체적이면서도 적절한 예를 들어 보이면 효과가 있습니다.

무엇을 조심해야 할까?

1. 부모님께 드리는 글이라고 해서 너무 응석부리듯이 써 나가서는 안 될 것이다.
2. 너무 어린이들 처지에서만 이야기하지 말고, 부모님의 처지도 이해하면서 주장을 펼치는 것이 좋다.

논술바다에 뛰어들기 _ 직접 써 보기

어린이들의 세계를 이해해 주세요

어른들은 가끔씩 우리 어린이들의 세계를 잘 몰라 주신다. 그래서 나는 어른들이 우리들을 좀더 잘 이해하실 수 있도록, 어른들이 우리들의 세계를 잘 이해하지 못하는 부분에 대해서 우리의 주장 두 가지를 밝히는 글을 쓰려고 한다.

첫째, 우리 어린이들만이 좋아하는 세계가 분명히 따로 있다는 것을 인정해 달라는 주장을 하고 싶다. 우리는 우리가 좋아하는 문화(?)가 있고, 어른들은 어른들 나름대로 좋아하는 문화가 있다. 어른들은 어른들 자신의 문화에 대해서는 널리 이해를 하면서도, 어린이들이 즐기고 좋아하는 문화에 대해서는 인정을 잘 안 하시는 편이다. 때론 우리들만이 부리고 싶은 멋과 유행이 있다. 아주 이해하지 않는 편은 아니지만 어쨌든 이해가 모자란다. 우리 집의 경우도 이해 정도가 평균 50%밖에 되지 않는다.

둘째, 어른들은 우리들과 함께 하는 시간이 너무 적다는 것을 알아주셨으면 한다. 토·일요일쯤, 아니 한 달에 한 번 정도라도 가족끼리 즐길 수 있는 시간을 가지고 싶어 하는 어린이가 내가 조사한 바로는 95%도 넘는다. 우리들도 물론 어른들이 피곤하신 것을 잘 안다. 그러나 그럴수록 가족과 함께 피로를 풀 수 있는 기회를 가져야 한다고 나는 생각한다. 가족끼리 서로서로 따뜻한 대화를 나누는 것이 얼마나 좋은 일인가.

이 글에서 나는 어린이를 이해해 달라는 주장을 두 가지 요구로 나타내었다. 물론 어린이들도 가족의 화목을 위해서 욕심을 양보하고, 어른들의 생각에 맞추려는 노력을 해 나가야 할 것이다.

(5학년 여자 어린이의 글)

문제 2

이번에는 우리 어린이들이 같은 어린이들을 대상으로 어떤 주장을 하는 글을 써 보도록 하겠습니다. 주장하고자 하는 내용은 과학을 강조하는 자세를 가지자는 것입니다.

즉, 과학에 관심을 가지고 과학을 연구하는 태도를 어릴 적부터 길러 나가야 한다는 주장을 담은 글을 써 보도록 합시다.

어떻게 글쓰기 전략을 세울까?

1. 먼저 우리 어린이들에게 과학이 왜 중요하고 가치 있는지를 생각해 볼 수 있게 해야 하겠지.
   → 무턱대고 과학에 관심을 가지고 과학을 연구하라고 주장할 수는 없습니다. 앞으로 우리에게 과학이 왜 중요한지를 밝히면서 주장을 해야 합니다.

2. 경제 발전, 세계에서 일류 국가가 되기 위한 조건, 나라 간의 경쟁에서 이기는 길 등은 모두 과학 발전과 관계 있겠지.
   → 이러한 생각이 이 논술에서 모두 소중한 주장의 근거가 될 수 있습니다.

3. 과학이 낙후되면 어떻게 되는지를 잘 설명해 주는 것도 아주 설득력이 있겠지.
   → 과학을 잘 하려면 어떻게 해야 하는지를 살펴보아야 합니다.

무엇을 조심해야 할까?

1. 글의 초점을 끝까지 잃지 않도록 해야 한다. 이 글쓰기의 초점은 과학에 관한 흥미를 가지도록 하는 데에 있다.

2. 과학에 관한 흥미를 가지는 구체적인 자세나 태도에 대해서도 어느 정도 이야기해 주는 것이 좋다.

3. 이 글을 구체적인 각자의 경험을 소개하는 투로 쓸 것인가, 아니면 일반적 논설문처럼 쓸 것인가를 먼저 생각해 보는 것도 중요하다.

논술바다에 뛰어들기 — 직접 써 보기

과학에 관심과 흥미를 갖자
어린이 신문 사설

'과학의 달' 4월이 시작되었다. 이 달을 특별히 과학의 달로 정한 까닭은, 자라나는 어린이는 물론 모든 사람들이 과학에 대한 관심을 갖도록 하기 위함이다. 과학의 달을 맞아 정부의 과학 기술처를 비롯, 국립 중앙 과학관 등 여러 과학 관련 단체들은 다양한 행사를 마련해 놓았다. 뿐만 아니라 전국의 학교에서도 4월에는 학생들에게 과학에 대한 호기심을 채워 주기 위한 갖가지 교내 행사를 계획해 실시하고 있다.

과학은 한 나라 기술 발전의 원동력이다. 과학이 발달한 나라치고 후진국을 찾아보기 힘들다. 과학은 나라의 발전과 국가 간 경쟁에 있어 그 어떤 것보다 중요하기 때문이다. 국제적 경쟁이 더욱 치열해지는 요즘, 과학의 중요성은 새삼 말할 나위가 없다.

과학의 발달은 인간 생활을 편리하고 풍요롭게 만들며, 나아가 인류 문명의 향상을 가져온다. 오늘날 인간이 이처럼 편안한 생활을 하는 것도 과학 발달의 덕분이다. 우리는 전국의 모든 어린이들이 과학의 달을 맞아 과학에 대한 관심과 흥미를 높였으면 하는 바람이다.

과학에 대한 관심과 흥미를 높이기 위해서는 호기심을 갖는 것이 중요하다. 왜 저런 현상이 생길까, 어떻게 해서 저런 반응이 나타날까 하고서 의문을 품을 때 과학과 친해질 수 있다. 어린이들의 각종 과학 대회 참여율이 최근 몇 년 동안 해를 거듭할수록 줄어들고 있다. 안타까운 현상이다.

초등 학교 시절에 과학에 흥미를 느끼지 못하면 한평생 과학과 친해지기 힘들다. 과학의 달에 각종 대회에 참여도 하고 궁금증도 가지며 과학과 친해질 수 있도록 스스로 노력해 보자.

어떤 마음으로 논술에 다가갈까?

✚ 어떻게 하면 논술을 잘 할 수 있을까?
✚ 아는 힘/생각하는 힘/표현하는 힘 —실천이 최고다

어떻게 하면 논술을 잘 할 수 있을까?

먼저, 나도 논술을 잘 할 수 있다는 생각을 하는 것입니다. 자기가 자기의 능력을 믿지 못하고서야 절대로 능력 개발이 안 되는 것이지요. 그러니까 자기 최면을 거는 것입니다.

논술 별거 아니다! 나도 잘 할 수 있다.

아는 힘 / 생각하는 힘 / 표현하는 힘
－실천이 최고다

가만히 생각해 보십시오. 여러분은 이미 배우고 경험한 것이 상당히 많습니다. 중간에 잊어버린 것이 있다고 해도, 한 편의 논술을 쓰는 데는 넘치고도 남을 것입니다. 다만 그것을 집중해서 모으고 다듬는 훈련이 필요할 뿐입니다.

논리적으로 창의적으로 생각하는 힘이 모자란다고요? 하루 아침에 될 일은 아니지요. 사고력을 기를 수 있는 활동 자료를 가지고 적극적으로 논술을 해 보는 것입니다. 논술을 잘 쓰려고 논리적·창의적 사고력을 기르겠다는 것이나, 논술을 많이 해 봄으로써 논리적·창의적 사고력을 기른다는 것은 서로 다른 것일까요? 같은 것일까요?

이 둘은 사실 여러분의 글쓰기 실천 활동 속에서는 같이 이루어지는 것입니다.

글로 표현하는 힘이 모자란다고요? 처음부터 잘 쓰는 사람은 없습니다.

한 줄의 글을 써서 그 뜻을 상대방에게 전할 수 있으면 논술의 출발점에 설 자격이 있습니다.

바른 문장, 효과적인 문장을 쓰는 힘은 달리 묘방이 없습니다. 문장 쓰기는 줄넘기나 자전거 타기 등 운동 기능 연습과 같습니다. 매일 글쓰기를 연습하고 실천하면 반드시 나아지게 되어 있답니다.

생각하는 힘을 기르는 열두 가지 습관

첫 번째 습관 ✚ 무엇이 문제인지 스스로 발견하기

두 번째 습관 ✚ 논술하려는 범위 미리 정하기

세 번째 습관 ✚ 내가 모르는 것이 무엇인지 생각해 보기

네 번째 습관 ✚ 서로 관계지어 생각하기

다섯 번째 습관 ✚ 바로 놓인 것들도 뒤집어 보며 생각하기

여섯 번째 습관 ✚ 감정으로 따지지 말고, 논리로 따지기

일곱 번째 습관 ✚ 같은 말이 같은 뜻으로 쓰였는지 생각해 보기

여덟 번째 습관 ✚ 전체를 보는 습관 기르기

아홉 번째 습관 ✚ 생각이 엉뚱한 데로 빠지지 않기

열 번째 습관 ✚ 정말 맞나 의심해 보기

열한 번째 습관 ✚ 성급하게 결론짓지 않기

열두 번째 습관 ✚ 논리에 맞는 증거를 가지고 추리하기

첫 번째 습관
무엇이 문제인지 스스로 발견하기

　단순히 아는 것이 많다고 해서 좋은 논술을 쓸 수 있는 것은 아닙니다.
　남들이 아무렇게나 지나칠 수 있는 것에서도 어떤 문제를 발견하고 생각해 내는 힘이 바로 논술의 출발점이 됩니다. 문제를 발견할 수 없는 사람은 절대로 훌륭한 논술을 해 나갈 수 없습니다.
　문제를 발견하기 위해서는 먼저 대상을 유심히 관찰해야 합니다. 그런 다음에는 상황이 바뀌면 무슨 일이 일어날 수 있는지 생각해 봅니다. 그리고 그 일이 우리에게 어떤 영향을 주는지 생각해 보아야 합니다.
　이처럼 훌륭한 논술을 쓰기 위해서는 '생각하는 힘'이 필요합니다.

두 번째 습관
논술하려는 범위 미리 정하기

무조건 이야기를 많이 한다고 해서 '말을 잘하는 사람'으로 평가되지는 않습니다. 터무니없이 집을 크게만 짓는다고 해서 그 집이 훌륭한 집이 되는 것은 아닙니다. 방 안에 온갖 살림살이를 모두 들여다 놓는다고 해서 내부 장식이 잘 된 방이 되는 것은 아닙니다.

논술 글쓰기도 마찬가지입니다. 자기가 아는 온갖 것을 모두 다 쏟아 놓는다고 해서 좋은 논술이 되는 것은 아닙니다. 무한정 이야기를 해 나가다 보면 글의 주제에서 멀어질 수도 있습니다. 그뿐인 줄 아세요? 주장하려는 것이 무엇인지를 잊어버리고 엉뚱하게 딴 이야기를 하게 됩니다.

논술을 잘 하려면 논술의 내용 범위를 미리 산뜻하게 정해야 합니다. 그러자면 먼저 어디까지 이야기하고 어디까지는 이야기하지 않을 것인가 하는 것을 정해야겠지요. 그것이 곧 논술의 범위를 정하는 것이랍니다. 논술의 범위는 글 쓰는 사람 자신이 잘 알고 있는 내용들을 중심으로 범위를 정해야 하겠지요.

세 번째 습관
내가 모르는 것이 무엇인지 생각해 보기

어떤 주제에 대해서 내가 자신 있게 알고 있는 것을 말할 수 있습니까? 그런 사람은 논술을 잘 쓸 수 있습니다. 알고 있는 것이 없이 무언가를 쓴다는 것은 불가능하니까요.

그런데 여러분, 정말로 글을 잘 쓸 수 있는 사람은 어떤 사람인지 아세요? 어떤 주제에 대해서 논술을 잘 하기 위해서는 그 주제와 관련해서 자기가 모르는 것이 무엇인지를 아는 사람이랍니다. 내가 모르는 것이 무엇인지를 모르면 나의 사고는 진전되기가 어렵습니다.

모르는 것이 무엇인지를 아는 사람은 그것을 알 수 있는 방법에 대해서 탐구할 수 있기 때문입니다. 단순히 아는 것이 많다고 해서 좋은 논술을 쓸 수 있는 것은 아닙니다.

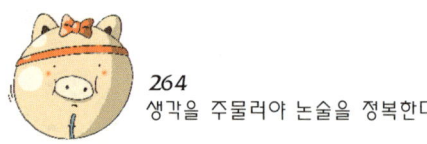

네 번째 습관
서로 관계 지어 생각하기

　논술을 할 때, 여러 자료나 일들을 소재로 삼아 글을 써 나가다 보면, 이 세상의 많은 일들이 서로 연관을 맺고 있다는 것을 발견하게 됩니다. 그렇습니다. 두 사물 간에, 또는 두 현상 간에 어떤 관계가 있는지를 잘 살펴보기 바랍니다.

　글을 잘 쓰고 생각을 풍부하게 하는 사람은 어떤 사람일까요? 서로 아무런 관련이 없어 보이는 것들도 그냥 무심히 보지 않고, 서로 어떤 관련이 있을까 하고 깊이 관찰하고 생각하는 사람입니다. 그러다 보면 마침내 어떤 관계를 찾아낼 수 있는 것이지요.

　이런 정도에 도달하게 되면 아마도 상당히 글을 잘 쓰는 사람이 됩니다. 누구나 흔히 생각할 수 있는 수준에서 훨씬 벗어나 있기 때문이지요.

다섯 번째 습관
바로 놓인 것들도 뒤집어 보며 생각하기

뒤집어 본다는 말이 좀 낯설지 않은지요. 요즈음은 '거꾸로 보기'란 말도 많이 사용합니다. '뒤집어 보기'란 우리에게 너무 익숙하고 당연해서 조금도 의심하지 않고 받아들이는 것에 대해서, '정말 그런가?' 하고 새삼스럽게 의문을 품어 보는 것을 말합니다.

뒤집어 보기는 그러니까 늘 고정되어 있는 습관적인 생각에서 벗어나는 사고를 하자는 것이지요. 뒤집어 보기를 하는 사람은 흔히 남들이 대체로 따라가는 생각과는 다른 방식으로 생각하는 사람입니다. 달리 말하면 비판적으로 그리고 독창적으로 사물을 바라볼 줄 아는 사람입니다.

비판적으로 보는 사람은 곧 그 잘못된 것을 고치고 새로운 아이디어를 개발해 내게 됩니다. 따라서 창의적이 될 수밖에 없습니다. 남들이 흔히 하는 생각과 똑같은 생각을 해서는 절대로 좋은 논술을 할 수 없다는 것을 알아야 합니다.

여섯 번째 습관
감정으로 따지지 말고, 논리로 따지기

'논리'란 '말로써 합당하게 펴 나가는 이치'란 뜻이지요. '논리'는 감정과는 함께 갈 수 없는 인간의 정신 활동입니다. 그러니까 '논리'로 따지면 누가 보아도 인정할 수 있도록 이치에 맞게 따질 수 있습니다. 그러자면 물론 말 이전에 생각이 논리적으로 이루어져야지요. 그런데 우리는 가끔 논리로 따지지 아니하고, 감정으로 따지는 경우가 있습니다.

'감정으로 따지는 것'은 자칫 억지를 부리거나, 상대방에게 모욕을 주는 쪽으로 빠질 수 있습니다. 감정으로 따져서는 올바른 판단에 이를 수가 없습니다.

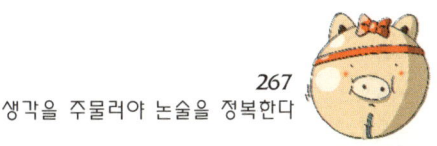

일곱 번째 습관
같은 말이 같은 뜻으로 쓰였는지 생각해 보기

말이 같다고 해서 그 뜻이 반드시 같은 뜻으로만 쓰이지는 아니합니다. 같은 말이 조금이라도 다르게 쓰이면, 그 다르게 쓰이는 바를 잘 발견해서 지적해 낼 수 있어야 합니다.

같은 말이 다르게 쓰이고 있는데도 그걸 모두 같은 뜻으로 이해하려고 하면 이해는커녕 골치가 아파지는 거죠. 논리를 중요하게 생각하는 사람은 같은 말이 같은 뜻으로 쓰였는지를 따지는 사람입니다. 예를 들어 잘 생각해 봅시다. 목사님과 경찰서장님이 각각 '죄인'이란 말을 썼다면, 같은 뜻으로 썼겠습니까? 다른 뜻으로 썼겠습니까? 상대방이 쓰는 말이 나와 같더라도 그 의미가 나와 다르게 쓰이면 그 차이를 분명하게 따질 수 있어야 합니다. 그래야만 논리적으로 생각하고 말할 수 있습니다.

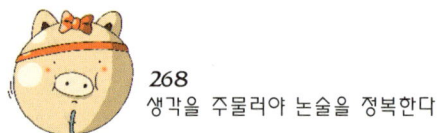

여덟 번째 습관
전체를 보는 습관 기르기

무언가를 꼼꼼히 생각하는 사람들 가운데는 한 부분은 열심히 보지마는 전체를 잘 보지 못하는 경우가 있습니다. 이렇게 되어도 좋은 논술을 쓰기 어렵습니다.

코끼리를 만져 본 장님들 가운데 코끼리 다리를 만져 본 사람은 코끼리를 기둥이라고 말하였다지요? 또 코끼리 옆구리를 만져 본 장님은 코끼리를 벽이라고 생각했다지요? 이것은 모두 전체를 보지 못하는 데서 범하는 잘못된 판단들입니다.

아홉 번째 습관
생각이 엉뚱한 데로 빠지지 않기

지금 문제로 삼고 있는 핵심 내용에서 벗어나서 엉뚱한 다른 내용으로 논의를 벌여가는 경우가 있는데, 이것은 논리적인 태도라고 할 수 없습니다. 논리적으로 주장을 펴는 사람은 지금 논의하고 있는 논술 주제가 무엇인지를 항상 염두에 두면서 자신의 생각과 말을 준비합니다.

흔히 성질이 급하거나, 감정이나 기분에 잘 휩쓸리는 사람들이 논점에서 벗어나는 말을 하게 되는 경우가 많습니다. 그런가 하면 궁지에 몰린 사람이 궁지에서 벗어나기 위해 논점을 슬쩍 다른 쪽으로 돌리는 경우도 있습니다. 물론 이들 모두는 '논리적으로 생각하기'에서 어긋납니다.

열 번째 습관
정말 맞나 의심해 보기

우리가 바른 논리를 존중하면서 생활하려면 틀린 논리를 우리의 언어 생활에서 몰아 내야 합니다. 그런데 틀린 논리는 꼭 자기야말로 바른 논리인 양 등장합니다.

그래서 어떤 이야기가 받아들이기에 무언가 이상하다고 생각되면 '정말 맞나?' 하는 생각을 해 보아야 합니다. 상대방의 논리가 어디에 결함이 있는가를 세밀하게 살펴야 합니다.

유명한 사람이 한 말이라고 해서 무조건 따라 가다가는 논리를 깨뜨리기 쉽습니다. 상황과 흐름, 말하는 사람의 의도 등을 잘 살펴야 합니다

열한 번째 습관
성급하게 결론짓지 않기

　한두 번 경험해 본 일만 가지고서 그 일을 모두 알았다고 말하기는 어렵겠지요? 또 전체를 다 살피지 않고 부분만 살핀 것을 가지고서 전체를 다 아는 것처럼 이야기하는 것도 무척 위험한 일이지요? 확실한 성질을 알려면 꼼꼼히 살피고 생각해야 합니다. 충분히 알아보지 않고 성급하게 결론을 내리면, 그 결론 자체가 거짓이 됩니다. 물론 논리적으로도 잘못된 것이 되지요.

　일반적인 법칙이나 원리를 결정하려면 한두 번 해 본 것을 너무 성급하게 원리로 삼아서는 안 될 것입니다.

열두 번째 습관
논리에 맞는 증거를 가지고 추리하기

　논리 공부란 논리 공식을 달달 외운다고 해서 되는 것이 아닙니다. 늘 생활 속에서 비논리적인 것을 비판하고 논리적인 언어를 사용하려는 실천 정신이 중요합니다. 논리는 우리의 언어 생활 속에 녹아들어 있어야 합니다.

　논리에 맞는 증거를 가지고 추리한다는 것은 어떻게 하라는 것일까요? 어떤 경험이나 일에서 논리에 맞는 결론을 이끌어 내는 연습을 해 보라는 것입니다. 다른 사람의 말이나 행동 하나하나도 논리를 따져 볼 수 있는 좋은 자료입니다. 오늘 벌어지고 있는 뉴스 하나하나도 모두 논리 훈련을 할 수 있는 자료입니다.

　골치 아프다고 도망 다니면 정말 머리가 녹슬게 됩니다. 항상 논거를 마련하여 머릿속으로 추리를 하고 결론을 이끌어 내는 논리 훈련을 합시다.

생각을 주물러야 논술을 정복한다

1997년 4월 25일 1쇄 발행
2005년 9월 10일 10쇄 발행
2010년 7월 30일 개정 3쇄 발행

지은이 | 박인기
본문그림 | 노열 외
펴낸이 | 양철우
펴낸데 | (주)교학사
주　소 | 서울 특별시 마포구 공덕동 105-67
전　화 | 영업 (02) 7075-155　　편집 (02) 7075-333
등　록 | 1962년 6월 26일 (18-7)

편집 책임 | 조선희
편집 디자인 | 박세연
표지 디자인 | 박미경
편집 교정 | 박승희, 김현성

ⓒ 박인기, 1997
ISBN 978-89-09-13469-9 73170
저자와의 협의에 의해 인지를 생략함.

정가 8,500원